BEI GRIN MACHT SICH WISSEN BEZAHLT

- Wir veröffentlichen Ihre Hausarbeit, Bachelor- und Masterarbeit

- Ihr eigenes eBook und Buch - weltweit in allen wichtigen Shops

- Verdienen Sie an jedem Verkauf

Jetzt bei www.GRIN.com hochladen und kostenlos publizieren

Bibliografische Information der Deutschen Nationalbibliothek:

Die Deutsche Bibliothek verzeichnet diese Publikation in der Deutschen National-
bibliografie; detaillierte bibliografische Daten sind im Internet über http://dnb.d-
nb.de/ abrufbar.

Dieses Werk sowie alle darin enthaltenen einzelnen Beiträge und Abbildungen
sind urheberrechtlich geschützt. Jede Verwertung, die nicht ausdrücklich vom
Urheberrechtsschutz zugelassen ist, bedarf der vorherigen Zustimmung des Verla-
ges. Das gilt insbesondere für Vervielfältigungen, Bearbeitungen, Übersetzungen,
Mikroverfilmungen, Auswertungen durch Datenbanken und für die Einspeicherung
und Verarbeitung in elektronische Systeme. Alle Rechte, auch die des auszugsweisen
Nachdrucks, der fotomechanischen Wiedergabe (einschließlich Mikrokopie) sowie
der Auswertung durch Datenbanken oder ähnliche Einrichtungen, vorbehalten.

Impressum:

Copyright © 2014 GRIN Verlag
Druck und Bindung: Books on Demand GmbH, Norderstedt Germany
ISBN: 9783346141262

Dieses Buch bei GRIN:

https://www.grin.com/document/539384

Tino Kulisch

Die musikalischen Begabungstests von Bentley und Gordon im Vergleich

GRIN Verlag

GRIN - Your knowledge has value

Der GRIN Verlag publiziert seit 1998 wissenschaftliche Arbeiten von Studenten, Hochschullehrern und anderen Akademikern als eBook und gedrucktes Buch. Die Verlagswebsite www.grin.com ist die ideale Plattform zur Veröffentlichung von Hausarbeiten, Abschlussarbeiten, wissenschaftlichen Aufsätzen, Dissertationen und Fachbüchern.

Besuchen Sie uns im Internet:

http://www.grin.com/

http://www.facebook.com/grincom

http://www.twitter.com/grin_com

Inhaltsverzeichnis

3

2. Abbildungsverzeichnis

3. Tabellenverzeichnis

4. Einleitung

4.1 Motivation

Eine musikalische Begabung, auch Musikalität oder musikalisches Talent genannt, ist die Charakterisierung der Befähigung Musik zu spielen oder machen zu können. Der Autor dieser Arbeit spielt selbst mehrere Instrumente und komponiert gern neue Musik. Im Laufe seines Studiums beschäftigte sich er bereits mit dem Thema Musikpsychologie und stieß in diesem Zusammenhang auf die Thematik der Messung von musikalischer Begabung. Dabei faszinierte ihn neben der Tatsache, dass Musikalität messbar scheint, auch die Möglichkeit, durch die Ergebnisse Urteile über eine Befähigung fällen zu können. Bei näherem Betrachten dieser Thematik stellte der Autor fest, dass es verschiedene Messmöglichkeiten und Tests dazu gibt. Dies motivierte ihn dazu, musikalische Begabungstests als Ausgangspunkt für diese Arbeit zu verwenden.

4.2 These

Der musikalische Begabungstest nach Arnold Bentley "Messung musikalischer Fähigkeiten" und der Begabungstest "Advanced Measures of Music Audiation" von Edwin E. Gordon messen bei einer Person die gleiche Ausprägung einer musikalischen Begabung.

4.3 Zielsetzung

Die These soll anhand einer Untersuchung belegt werden, in der beide Begabungstests an zehn Gymnasialschülern getestet werden sollen. Im Vorfeld der Untersuchungen werden beide musikalischen Begabungstests vorgestellt, ihre Funktionsweise offengelegt, diskutiert und analysiert. Vor der geplanten Testreihe wird ein Interview in Form einer qualitativen Methodik mit dem Musiklehrer der Schüler durchgeführt, um zusätzlich eine Einschätzung der musikalischen Befähigungen der zehn Probanden zu erhalten.

Die Auswertung des Interviews wird am Ende mit den Ergebnissen der musikalischen Begabungstests verglichen, um im Falle einer Abweichung der Begabungstestergebnisse eine zusätzliche Vergleichskomponente der musikalischen Befähigungen der Probanden zu erhalten. Weitere Ziele der Arbeit sind zudem die Beschreibungen der Ausprägung von musikalischen Fähigkeiten und die Klärung von fachspezifischen Definitionen von musikalischer Begabung und musikalischer Befähigung.

4.4 Industrierelevanz

Die angewandten Begabungstests der beiden Wissenschaftler sind beide in den siebziger und achtziger Jahren entstanden. Durch den Vergleich und damit der erneuten Prüfung beider Tests kann die Aktualität bestätigt und somit der weitere Nutzen der Tests garantiert werden. Das Leipziger Gymnasium kann außerdem die Tests auf Freiwilligenbasis einführen, um ihren Schülern zusätzlich eine Möglichkeit anzubieten, die Voraussetzungen für eine musikalische Förderung zu schaffen.

Die Ergebnisse dieser Arbeit können zudem für den Zweck der Begabungsforschung wiederverwendet werden und stellen somit einen weiteren Nutzen für dieses Forschungsgebiet dar. Die Universität Leipzig, die Hochschule für Musik und Theater oder die Universität Paderborn wären hierbei als Beispiele zu nennen, wenn es um die Anwendung oder um die direkte Nutzung von Begabungsforschung oder Begabungstests geht.

4.5 Schwerpunkte

Der erste Schwerpunkt ist die detaillierte Erklärung und Funktionsbeschreibung beider musikalischer Begabungstests und die Erläuterung zur qualitativen Methodik. Zweiter Schwerpunkt ist die Untersuchung und die Auswertung derer Ergebnisse, die zum Beleg der These führen sollen.

Im ersten Teil der Untersuchung finden Durchführung und Vergleich zwischen den zwei ausgewählten musikalischen Begabungstests statt. Es werden bei beiden Tests vollkommen unterschiedliche Unterscheidungsfähigkeiten für tonale und rhythmische Veränderungen notiert und anschließend ausgewertet. Beide Tests werden an zehn ausgewählten Schülern im Alter zwischen 12-14 Jahren durchgeführt. Die Schülerinnen und Schüler besitzen zum Teil ein ausgeprägtes musikalisches Können. Sie wurden im Vorfeld zusammen mit dem Betreuer dieser Arbeit, der Lehrer an dieser Schule ist, ausgewählt. Beide Untersuchungen werden am Gymnasium durchgeführt. Pro Tag sollen alle Probanden gemeinsam einen Begabungstest absolvieren. Die Tests werden hierbei in ihrer ursprünglichen Version ohne Modifikation angewandt.

Unabhängig von diesen Tests wird im zweiten Teil der Untersuchung eine qualitative Methodik in Form eines Interviews mit dem Musiklehrer der Schüler durchgeführt, um eine zusätzliche objektive Einschätzung der musikalischen Fähigkeiten der Probanden zu erhalten. Anschließend sollen die Ergebnisse des Tests mit der Einschätzung des Lehrers verglichen werden. Im Ergebnis dieser Arbeit sollten im Vergleich die Testergebnisse der musikalischen Messungen mit der Einschätzung weitestgehend übereinstimmen.

5. Grundlagen

5.1 Messung Musikalischer Fähigkeiten nach Arnold Bentley

Im Jahr 1966 veröffentlichten der Wissenschaftler Arnold Bentley und sein Kollege George G. Harrap eine Schriftenreihe zur Messung musikalischer Fähigkeiten. Diese Arbeit, welche auch unter den Namen Bentley-Test bekannt wurde, schildert die aus Bentleys Sicht wesentlichen Grundlagen, welche für das Musizieren und die damit einhergehende Musikalität von Bedeutung sind. Gleichzeitig präsentiert er in dieser Arbeit einen Musikalitätstest, der aus vier Untertests besteht. Dieser Test richtet sich vor allem an Kinder und Jugendliche im Alter zwischen 7 und 14 Jahren. Er ist als Gruppentest entwickelt worden, um in einem möglichst kurzen Zeitraum möglichst viele Probanden zu testen.

In den folgenden Unterkapiteln werden die für Bentley elementaren Merkmale einer musikalischen Begabung festgestellt und der Bentley-Test im Aufbau und seiner Funktionsweise beschrieben.

5.1.1 Keine Messung in "toto"

In seiner wissenschaftlichen Arbeit stellt Bentley klar, dass in seinem Test zur Messung musikalischer Fähigkeiten lediglich Aspekte einer Begabung ermittelt werden sollen. Die musikalische Begabung solle nicht in toto, also in seiner Gesamtheit gemessen werden, weil dieses überhaupt nicht möglich sei, da zu viele Komponenten außerhalb dieser Aspekte in eine mögliche Befähigung oder Begabung mit einfließen.[1]

5.1.2 Definition einer musikalischen Begabung nach Bentley

Laut Bentley ist eine präzise Definition nicht möglich, da es für ihn kein genaues Kriterium gibt, das eine musikalische Begabung detailliert beschreibt. Vielmehr versucht er, in seiner Arbeit ein Charakteristikum darzustellen, was musikalische Menschen von unmusikalischen Menschen unterscheidet. Diese Charakteristika, die Bentley auch als „Trennungsstriche" bezeichnet, die zwischen „musikalisch" und „unmusikalisch" liegen, sollen mithilfe von Messbarkeiten aufgezeigt werden. Bentley versucht jedoch, den Begriff Musikalität an einer Beispielkette zu erklären.[2]

In dieser Beispielkette nennt Bentley dazu einen Komponisten, einen ausübenden Künstler oder einen Zuhörer. Einen Komponisten kann man als musikalisch betrachten, da er ungeachtet der Qualität Kompositionen hervorbringt. Der ausübende Künstler kann ebenso als musikalisch betrachtet werden, da er selbst wenn er selber nicht komponiert, die Ideen des Komponisten in Klänge verwandelt.

---

[1] vgl. Bentley 1973, S. 35
[2] vgl. Gembris 2002, S. 112

Der Zuhörer welcher weder komponiert noch selbst ausübt, kann jedoch auch als musikalisch erachtet werden, da die vom Komponisten geschriebenen Ideen als Klänge vom ausübenden Künstler erzeugt, erst Bedeutung finden, nachdem sie vom Zuhörer gehört oder verstanden wurden.[3]

5.1.3 Grundlagen musikalischer Fähigkeiten nach Bentley

Der Bentley-Test setzt sich insgesamt aus vier Untertests zusammen, die auf den musikalischen Fähigkeiten Tongedächtnis, Rhythmusgedächtnis, Unterscheidungsfähigkeit von Tonhöhe und Akkordanalyse beruhen. Bei allen dieser genannten Fähigkeiten liegen Gründe vor, warum diese getestet werden sollten. In seiner Arbeit nennt Bentley auch weitere Fähigkeiten, die er jedoch für die Feststellung musikalischer Fähigkeiten außer Acht lassen möchte, da diese eine reifere Begriffswelt voraussetzt.

Ausgangspunkt aller Fähigkeiten ist dabei das frühe Kindesalter, in denen laut Bentley der Ursprung einer möglichen musikalischen Begabung liegt. Die Ausprägung ist dabei bei jedem Kleinkind unterschiedlich und stark abhängig von dessen Umfeld und Umwelt. Bentley nennt außerdem mögliche Ausprägungsgrade einer biologischen Prädisposition[4], die gewisse Befähigungen begünstigen können. Die Entwicklung eines musikalischen Gedächtnisses geht mit der Entwicklung des eigentlichen Gedächtnisses einher. In der laufenden Entwicklung erreicht das Kind ein Stadium, in dem es in der Lage ist, selbständig Fehler im Detail zu korrigieren. Bentley schlussfolgert daraus ein ausgeprägtes Erinnerungsvermögen, welches analytische Fähigkeiten miteinschließt, die sich wiederum durch Messbarkeiten nachweisen lassen.[5]

Das musikalische Gedächtnis, welches auch als Melodiegedächtnis bezeichnet wird, schlüsselt sich in ein Ton- und Rhythmusgedächtnis auf. In Probetests, welche vor der Erstellung des Bentley-Tests gemacht wurden, stellte Bentley fest, dass trotz gleichzeitiger Ausübung von Ton und Rhythmus beide Komponenten getrennt im Gedächtnis behandelt werden. Er begründet dies mit der Aufmerksamkeit auf die jeweilige Komponente, welche

---

[3] vgl. Bentley 1973, S. 15
[4] Unter Prädisposition versteht man eine Empfänglichkeit oder Veranlagung.
[5] vgl. Bentley 1973, S. 30

bei einer Korrektur vorgenommen wird. Stellte ein Proband beim Nachsingen einer Melodie fest, dass der Rhythmus einer Melodie stimmt, konzentrierte er sich auf die tonale Komponente. Dasselbe Verfahren wandte ein Proband an, als die Melodie stimmte, jedoch der Rhythmus nicht. Daraus schlussfolgerte Bentley, dass beide Elemente sich getrennt voneinander analysieren und messen lassen müssen. Die Wahrnehmung von unterschiedlichen Tönen in einer Melodie setzen laut Bentley außerdem die Fähigkeit voraus, Töne und Tonhöhen zu unterscheiden. Dabei liegt der Fokus verstärkt auf den normalgebrauchten Intervallen westlicher Musik, wie etwa Halbtöne, Ganztöne, Terzen, Quarten oder Quinten.[6] Es soll durch den Test auch die Frage geklärt werden, ob einige musikalische Intervalle schwieriger zu unterscheiden sind als andere. Weiterhin werden Mikrointervalle, also Tonhöhen die kleiner sind als ein Halbton, im Tonhöhenunterscheidungstest miteinbezogen:

„Über die Fähigkeit hinaus, zwischen musikalischen Intervallen unterscheiden zu können, muss der Ausübende auch zwischen Tönen von viel kleinerer Tonhöhendifferenz unterscheiden können, wenn er im Einklang spielen sowie gute Intonation und künstlerisches Spiel erlangen soll."[7]

Als vierte Eigenschaft und Komponente für eine musikalische Befähigung sieht Bentley die Urteilsfähigkeit, Zusammenklänge von Tönen wahrnehmen und analysieren zu können. In dem Bentley-Test wird diese Fähigkeit als Akkordanalyse bezeichnet. Bentley räumt aber ein, dass dieser Komponente eine nicht so hohe Gewichtung wie den anderen drei elementaren Befähigungen zugesprochen wird. Er ordnet diese Befähigung eher als wünschenswert ein, sollte eine hohe musikalische Befähigung erzielt werden. Begründet wird die nicht gleichwertige Bewertung dieser Komponente damit, dass die meisten Instrumente sowie die menschliche Stimme einstimmig sind. Auch die Wahrnehmung von polyphonen Vorgängen und Harmonien fordert nicht die Notwendigkeit einer Aufschlüsselung der Töne.

---

[6] vgl. Bentley 1973, S. 31
[7] Bentley 1973, S. 32

Vielmehr braucht es laut Bentley diese Fähigkeit, um eine Vorstellungskraft vorauszusetzen, welche im musikalischen Bereich von Vorteil ist, da das Heraushören von Einzeltönen in einem polyphonen Klang eher einen Problembereich des musikalischen Gehörs darstellt. Die Akkordanalyse wird deshalb als eine nützliche Erweiterung zu den zuvor von Arnold Bentley genannten Fähigkeiten aufgeführt.[8]

5.1.4 Aufbau des Bentley-Tests

Dem Bentley Test gehen mehrere Entwicklungsstadien voraus, in denen verschiedene Gesichtspunkte immer wieder eingearbeitet wurden. Die Stadien betreffen alle Felder des Testes, also Inhalt, Anweisungen, technische Mittel und Antwortformen. Schließlich wurden von Bentley vier Tests erstellt: Tonhöhenunterscheidungstest, Tongedächtnistest, Rhythmusgedächtnistest und Akkordanalysetest. Alle Tests, jeweils vervollständigt mit Anweisungen und Beispielen wurden dann auf Schallplatte aufgezeichnet, sodass im Grunde genommen keine weiteren Erklärungen des Gruppentestleiters während des Testes notwendig sind.

5.1.4.1 Tonhöhenunterscheidungstest

In diesem Test wird vom Probanden die Fähigkeit abverlangt, unterschiedliche Töne voneinander unterscheiden zu können. Dabei handelt es sich insgesamt um 20 Aufgaben, wobei jede Aufgabe für ein Tonpaar, also zwei nacheinander folgende Töne, steht. Jeder gespielte Ton hat eine Tondauer von einer Sekunde. Nach dem gehörten Tonpaar hat der Proband 6 Sekunden Zeit zu antworten, bis die nächste Aufgabe zu hören ist. Der erste hörbare Ton in jeder Aufgabe des Tonhöhenunterscheidungstests ist stets der gleiche Ton. Der Ton schwingt bei 440 Hz und wird auch als Kammerton bezeichnet. Im musikalischen System handelt es sich dabei um den Ton a. Die Auswahl dieses Tones hat Bentley keinesfalls willkürlich getroffen. Er begründet diese Wahl damit, dass der Ton mit 440 Hz ungefähr in der Mitte des Tonumfanges der Stimme eines Kindes liegt. Er geht von der Annahme aus, dass der Kehlkopf eines Menschen bei der Tonhöhenunterscheidung eine

---

[8] vgl. Bentley 1973, S. 31–32

wesentliche Rolle spielt, auch wenn dieser bei einer Erkennung von Tonhöhendifferenzen gar nicht benutzt wird. Weiter stellt Bentley in diesem Zusammenhang fest, dass die Tonhöhenunterschiede, die innerhalb des Stimmenumfangs liegen, leichter zu unterscheiden sind, als die, die außerhalb dieses Umfangs liegen.[9]

In der Endfassung des Tonhöhenunterscheidungstests folgt auf den Bezugston a ein zweiter Ton, der eine maximale Abweichung von einem Halbtonintervallschritt, also 26 Hz, nach oben (höherer Ton) oder nach unten (tieferer Ton) haben kann. Die Mindestabweichung des zweiten Tones beträgt 3 Hz. Normale Musikinstrumente können die genaue Tonhöhendifferenz nicht produzieren, also wurde entschieden, einen speziell dafür kalibrierten Oszillator zu verwenden, um die Frequenzen und die daraus resultierenden Töne mit einer maximalen Genauigkeit zu erzeugen. In der Abbildung 1 sind alle Töne und deren Tonunterschiede, die getestet werden, abgebildet. Darin ist zu erkennen, dass fortlaufend mit jeder Aufgabe der Schwierigkeitsgrad angehoben wird, indem die Abweichung vom zweiten zum ersten Ton des Tonpaares immer geringer ausfällt. Aufgabe 9 und 16 unterbrechen das Steigerungsschema, indem der zweite Ton gleich dem ersten Ton ist. Nach jeder gehörten Aufgabe hat der Proband eine Entscheidung zu treffen, ob der zweite Ton des Tonpaares tiefer, höher oder tongleich dem ersten Ton war. Anschließend soll er seine Antwort in Form eines Buchstaben (tiefer = T, höher = H, gleich = G) in das Formular des Bentley-Tests (siehe Abb.5, S.23) eintragen.[10]

---

[9] vgl. Bentley 1973, S. 47–48
[10] vgl. Bentley 1973, S. 47–48

Aufgabe	Bewegungs-richtung	Unterschiede in Bruchteilen eines Halbtons	Unterschiede in Doppel-Schwingun-gen pro Sekunde (=Hz)	Erster Ton Hz	Zweiter Ton Hz
1	nach unten	1	26	440	414
2	nach oben	1	26	440	466
3	nach oben	¾	18	440	458
4	nach unten	¾	18	440	422
5	nach oben	½	12	440	452
6	nach unten	½	12	440	428
7	nach unten	ca. 5/13	10	440	430
8	nach oben	ca. 5/13	10	440	450
9	gleich	----	-----	440	440
10	nach oben	ca. 4/13	8	440	448
11	nach unten	ca. 4/13	8	440	432
12	nach oben	ca. 3/13	6	440	446
13	nach unten	ca. 3/13	6	440	434
14	nach unten	ca. 5/26	5	440	435
15	nach oben	ca. 5/26	5	440	445
16	gleich	----	-----	440	440
17	nach oben	ca. 2/13	4	440	444
18	nach unten	ca. 2/13	4	440	436
19	nach unten	ca. 3/26	3	440	437
20	nach oben	ca. 3/26	3	440	443

Abb. 1: Tonhöhenunterscheidungstest - Verwendete Tonhöhenunterschiede (Bentley 1973, S. 61)

5.1.4.2 Tongedächtnistest

In der Entwicklung seiner Tests stellte Bentley fest, dass der Gedächtnistest in zwei Teile, nämlich in Ton- und Rhythmusgedächtnistest, unterteilt werden soll, damit beide Aspekte unabhängig voneinander getestet werden können. Der Tongedächtnistest besteht aus zehn Aufgaben. Zwischen allen Aufgaben gibt es eine Pause von sechs Sekunden. Jede dieser Aufgaben besteht aus fünf aufeinander folgenden Tönen, die zusammen eine Melodie ergeben. Die Melodie wird pro Aufgabe zweimal gespielt, jedoch kann es sein, dass beim zweiten Mal eine Veränderung auftritt. Ist dies der Fall, betrifft es nur eine Note, die durch einen Ganz- oder Halbtonschritt verändert wurde. Alle Töne dieses Testes sind gleichlang und besitzen keine dynamischen Akzente. In Abbildung 2 ist zu erkennen, dass in jeder der zehn Aufgaben eine Veränderung vorkommt. Man erkennt außerdem, dass die Position des veränderten Tons willkürlich vorgenommen wurde, also kein System besitzt. Während des Tests hat der Proband nach jeder Aufgabe zu entscheiden, ob es eine Veränderung in der Tonfolge gab oder nicht. Sollte es keine gegeben haben, soll der Proband ein G für gleich in das Formular eintragen. Alle Töne des Tongedächtnistestes wurden mit einer Orgel erzeugt.[11]

5.1.4.3 Rhythmusgedächtnistest

Der Rhythmusgedächtnistest besteht wie der Tongedächtnistest ebenfalls aus zehn Aufgaben mit jeweils einem Vergleichspaar, welches aus zwei rhythmischen Figuren besteht. Die Geschwindigkeit der gespielten Rhythmen beträgt bei allen Aufgaben 72 Schläge pro Minute und zwischen allen Aufgaben gibt es ebenfalls eine Pause von sechs Sekunden. Wie schon im Tongedächtnistest wurden alle Töne mit einer Orgel gespielt. Jedoch gibt es im Vergleich zum Tongedächtnistest die Besonderheit, dass alle Töne einer Aufgabe die gleiche Tonhöhe besitzen. Um Eintönigkeit zu vermeiden, entschied sich Bentley dazu, pro Aufgabe eine andere Tonart zu wählen. Jede rhythmische Figur wird eingezählt, um dem Probanden eine Vorstellung von Tempo und Taktart zu vermitteln. Bei der vorgegebenen Taktart handelt es sich allerdings ausschließlich um einen Vierviertelakt.

In der Abbildung 3 ist zu erkennen, dass acht der zehn Aufgaben eine Veränderung der rhythmischen Figur im zweiten Teil des Vergleichspaares aufweisen. Bei den restlichen zwei Aufgaben sind jeweils beide Figuren des Vergleichspaares identisch. Der Proband muss in diesem Test feststellen, ob die zweite rhythmische Figur unterschiedlich oder gleich der ersten ist. Falls sich die zweite Figur unterscheidet, soll der Proband aufschreiben, in welcher der vier Zählzeiten die Veränderung passiert ist. Zusammengefasst sind fünf Antworten möglich: ein G für Gleich, oder 1, 2, 3 oder 4 für die mögliche veränderte Zählzeit. Alle Veränderungen sind wie schon im Tongedächtnistest willkürlich auf die vier Zählzeiten verteilt worden.

---

[11] vgl. Bentley 1973, S. 50

Abb. 2: Tongedächtnistest - Die rot-markierten Noten zeigen die tonale Veränderung zur
vorangegangenen Melodie auf. (Bentley 1973, S. 61)

Abb. 3: Rhythmusgedächtnistest - Die rot-markierten Noten zeigen die rhythmischen Veränderungen im Vergleich zur rhythmischen Figur im Takt davor auf. (Bentley 1973, S. 62)

5.1.4.4 Akkordanalysetest

Zu diesem Test beschreibt Bentley eine Vielzahl an Problemen, auf die er bei der Entwicklung des Akkordanalysetests gestoßen ist. So war ihm lange nicht klar, wie viele Töne die verschiedenen Akkorde maximal oder minimal enthalten, da den Test bereits Kinder im Alter von sieben Jahren durchführen sollen. Zur Lösung zitiert Bentley eine Arbeit von Révész aus dem Jahr 1953, der bei einer Untersuchung eines siebenjährigen Wunderkindes herausfand, dass dieses sogar 7-Stimmige Akkorde absolut korrekt analysieren konnte. Zwar war für Bentley dieses Ergebnis nicht repräsentativ, aber es verhalf ihm zu dem Hinweis, auf wie viele Töne sich ein Akkord beschränken solle. In den Probetests, die Bentley für die Testentwicklung durchführte, beschränkte er die Akkorde auf maximal fünf Stimmen. Durch Wiederholungstests korrigierte Bentley die Maximalanzahl der Stimmen im Akkord auf vier Töne.[12]

---

[12] vgl. Bentley 1973, S. 51

Der finale Akkordanalysetest besteht aus insgesamt 20 Aufgaben, die aus zehn Zusammenklängen von zwei Tönen, acht Mehrklängen von drei Tönen und zwei Mehrklängen von vier Tönen besteht. Jeder Akkord ertönt drei Sekunden lang. Zwischen den einzelnen Akkorden besteht eine Pause von sechs Sekunden, die den Probanden Zeit gibt, den Akkord gedanklich noch einmal zu „hören" und die analysierten Töne numerisch nieder zu schreiben. Die Akkorde wurden mithilfe einer Orgel mit Achtfuß-Prinzipal-Register erzeugt und aufgenommen. Wie in Abbildung 4 zu sehen ist, erfolgte die Anordnung der Reihenfolge der Akkorde wieder willkürlich, damit ein Antwortschema ausgeschlossen werden kann.[13]

Bentley schreibt dazu: „*In einer Anordnung vom Leichten zum Schweren wäre zum Beispiel die Ziffer 2 für acht der ersten neun Aufgaben die richtige gewesen. Deshalb werden nach einem relativ leichten Start die Aufgaben zwei, drei oder vier Tönen in einer Anordnung gegeben, die es nicht möglich macht, ein Antwortschema zu finden.*"[14]

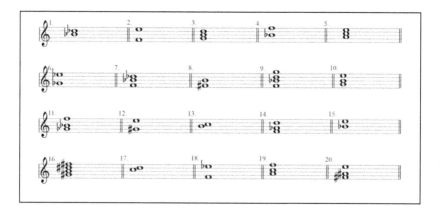

Abb. 4: Akkordanalysetest (Bentley 1973, S. 62)

---

[13] vgl. Bentley 1973, S. 53
[14] Bentley 1973, S. 53

5.1.5 Durchführung des Bentley-Tests

Alle vier Tests sollen in einer strikten Reihenfolge durchgeführt werden. Diese wurde von Bentley wie folgt festgelegt:

1. Tonhöhenunterscheidungstest

2. Tongedächtnistest

3. Akkordanalysetest

4. Rhythmusgedächtnistest

Begründungen für diese Reihenfolge nennt Bentley nur bedingt. Er hielt es zum einen für gut, den Test leicht starten zu lassen und zum anderen wollte er ihn in seiner Reihenfolge möglichst abwechslungsreich halten. Der Tonhöhenunterscheidungstest ist in seinem Aufbau gestuft von leicht bis schwer, weswegen er auch die beste Wahl für den Anfang des Testes ist. Der Akkordanalysetest wird von Bentley als am schwierigsten eingestuft. Er empfiehlt sich aber besser an dritter Stelle, da zwei Gedächtnistests aneinandergereiht zu viel Monotonie für die Probanden wären. Diese wären zwei Tests nacheinander mit Zählen beschäftigt, was laut Bentley Konzentration und Aufmerksamkeit schwächen würde.[15]

Der Test zur Messung musikalischer Fähigkeiten dauert insgesamt 20 Minuten. Für jeden einzelnen der vier Untertests veranschlagt Bentley eine Dauer von etwa 4,5 bis 5 Minuten. Der komplette Vorgang, einschließlich Formularaus- und Rückgabe und der Anweisungen von dem Testdurchführenden vor und nach dem Test solle nicht länger als 30 Minuten dauern und somit innerhalb des Zeitraums einer Unterrichtsstunde bleiben. Bentley weist außerdem darauf hin, dass die einzelnen Untertests auch unabhängig voneinander zu verschiedenen Zeitpunkten vollzogen werden können. Im Falle der Durchführung des Autors dieser Arbeit wurde aber ebenfalls der komplette Bentley-Test in einem Stück absolviert.[16]

Zur Schaffung einer guten Testatmosphäre hat Bentley in seiner Arbeit für den Test-Durchführenden explizite Anweisungen hinterlassen, wie dieser mit den Probanden

---

[15] vgl. Bentley 1973, S. 56
[16] vgl. Bentley 1973, S. 57

umzugehen hat. Dabei gilt es, im Vorfeld des Testes für Ruhe zu sorgen, sodass jeder Proband alle abgespielten Anweisungen und Tests gut und klar versteht. Eine aufheiternde Anweisung für die Probanden, welche auch vom Autor dieser Arbeit für den Bentley-Test übernommen wurde schildert Bentley in seiner Arbeit wie folgt:

„Du solltest nicht auf die Antwort deines Nachbarn schauen; wenn aber durch Zufall dein Blick auf das Blatt deines Nachbarn fällt und du siehst, dass er eine andere Antwort als du aufgeschrieben hat, dann ändere dein Ergebnis nicht und sag es ihm auch nicht – seine Antwort ist nämlich falsch!"[17]

Testbedingungen, die Bentleys Arbeit weiterhin enthält, beziehen sich auf das Abspielen einer Schallplatte, weil der Test ausschließlich auf Schallplatte aufgenommen wurde. Vom Autor dieser Arbeit wurde die Schallplatte mithilfe eines Audio-Technika USB Plattenspielers digitalisiert und anschließend über die Software Ableton Live entzerrt. Mithilfe eines Laptops und der DAW[18] wurde der Bentley-Test im Musikraum der Schule über eine Anlage der Marke Sony abgespielt. Das Formular für die Probanden ist in Bentleys Arbeit als Vordruck abgebildet. Außer diesem fanden sich dort jedoch keine Formularkopien, sodass das Formular für die Testreihe des Autors dieser Arbeit nachgebaut werden musste (siehe Abbildung 5).

In dem von Bentley aufgenommenen Test findet sich vor jedem Untertest eine genaue Einleitung mit Anweisungen und einem kurzen Beispiel zu der jeweiligen Aufgabe. Diese Ansagen wurden mit aufgenommen, um den Test möglichst standardisiert zu halten. Er stellt es jedoch jeden Testdurchführenden frei, vor der Wiedergabe einen kurzen Überblick zum Bentley-Test zu geben, um die Probanden darauf einzustellen.[19]

---

[17] Bentley 1973, S. 58
[18] DAW steht für Digital Audio Workstation und beschreibt eine Software zur Musikaufnahme, Musikbearbeitung und Musikwiedergabe.
[19] vgl. Bentley 1973, S. 58

Messung musikalischer Fähigkeiten – Arnold Bentley

Name: _____ Klasse: _____

Geschlecht: _____ Alter: _____ Jahre _____ Monate. Datum: _____

	I	II	III	IV
	Tonhöhe		Akkorde	

I Tonhöhe	II Melodien	III Akkorde	IV Rhythmus
1		1	
2		2	
3		3	
4	1	4	1
5	2	5	2
6	3	6	3
7	4	7	4
8	5	8	5
9	6	9	6
10	7	10	7
11	8	11	8
12	9	12	9
13	10	13	10
14		14	
15		15	
16		16	
17		17	
18		18	
19		19	
20		20	

Gesamt-punktzahl

Abb. 5: Formular zum Bentley-Test "Messung musikalischer Fähigkeiten" (Bentley 1973, S. 59)

5.1.6 Auswertungsdurchführung und Standardisierung

Die Standardisierung des Testes fand zeitgleich mit Erstellung der Reliabilität fest. Allerdings wurden hier deutlich mehr Schüler getestet. Insgesamt nahmen 2000 Schüler im Alter zwischen 7 und 14 Jahren an den Standardisierungstests teil. Mit Hilfe dieser Werte erstellte Bentley noch vor Fertigstellung seiner Arbeit die Auswertungs- und Bewertungskriterien, über die der ausgefüllte Bentley-Test eines Probanden bewertet werden soll. Anhand der Standardisierung ermittelte Bentley 5 Begabungsstufen für jedes Lebensalter von 7 bis 14 Jahren[20]:

- Stufe A - steht für die höchste Begabungsstufe

- Stufe B - steht für die nächstniedere Begabungsstufe

- Stufe C - steht für eine mittlere Begabungsstufe

- Stufe D - steht die nächstniedere Begabungsstufe

- Stufe E - steht für die niedrigste Begabungsstufe

Tabelle 1: Auswertungstabelle - Einstufung der Punktzahlen (Bentley 1973, S. 79)

Lebensalter	Stufe A obere 10%	Stufe B 20%	Stufe C mittlere 40%	Stufe D 20%	Stufe E untere 10%
	mindestens				höchstens
7	33	32-23	22-17	16-14	13
8	36	35-27	26-20	19-14	13
9	39	38-31	30-21	20-15	14
10	41	40-34	33-23	22-18	17
11	44	43-38	37-29	28-22	21
12	47	46-42	41-31	30-23	22
13	48	47-44	43-35	34-25	24
14	51	50-46	45-39	38-31	30

---

[20] vgl. Bentley 1973, S. 79

In Tabelle 1 sind alle Stufen inklusive der Punktzahlen, welche für eine Einstufung benötigt werden, zu sehen. Anhand dieser Tabelle werden alle Formulare zum Bentley-Test ausgewertet und analysiert.

Bentley weist darauf hin, dass alle Stufen stets nur als Richtlinie dienen sollen und niemals als präzise Ausrichtung einer musikalischen Begabung oder Befähigung zu verstehen sind. Vielmehr solle es dem Probanden als Indiz für eine mögliche Befähigung dienen und je nach Bewertungseinstufung eine mögliche Aussicht auf Erfolg hinsichtlich musikalischen Betätigens vorhersagen. Bentley sieht die Ergebnisse auch als wichtig an, wenn es darum geht, mögliche herausragende Begabungen zu entdecken.[21] Er macht aber auch deutlich, dass sich mancher Schüler eine zukünftige Frustsituation erspart, wenn der Test vor zu viel praktischen musikalischen Tätigkeiten Aufschluss über weniger ausgeprägte Fähigkeiten gibt:

„*...man tut einem Kind keinen Gefallen, wenn man es zum Versuch antreibt, besondere Fertigkeiten zu erlangen, für die es die angeborenen Fähigkeiten nicht besitzt und wenn sein einziger Lohn wahrscheinlich Mangel an Leistung und daraus folgende Frustration, Enttäuschung und Verlust des Selbstwertgefühls sein wird.*"[22]

5.1.7 Gültigkeit und Repräsentativität des Bentley-Tests

Hinsichtlich der Gültigkeit des Tests versuchte Bentley mit den Klassenlehrern der getesteten Schüler zusammenzuarbeiten, um mögliche Zusammenhänge zwischen den Ergebnissen des Tests und der Meinung der Lehrer aufzuzeigen. Im Vergleich zum Autor dieser Arbeit arbeitete Bentley ausschließlich mit Klassenlehrern und nicht mit Musiklehrern zusammen. Er konnte eine Vielzahl an Zusammenhängen feststellen, auch wenn er betont, dass die Meinungen der Lehrer stets subjektiver Natur waren. Die Lehrer konnten außerdem nicht immer Musikalisches von Nichtmusikalischem trennen. Die Einschätzung der Schüler ließ Bentley vom Lehrer nach einer Vierpunkteskala bewerten: A = musikalisch, B =

---

[21] vgl. Bentley 1973, S. 80
[22] Bentley 1973, S. 80

ziemlich musikalisch, C = kaum musikalisch, D = unmusikalisch. Insgesamt führte Bentley diese Befragung an Lehrern von 314 getesteten Jungen und Mädchen durch.[23]

Bentley schrieb zu diesem Vergleich folgende Bemerkung: *„Diese Methode, die Gültigkeit der Tests festzustellen, mag nicht sehr kritisch sein, aber die Resultate sind nicht leicht von der Hand zu weisen..."*[24]

Als Resultate bezeichnet Bentley damit die Ergebnisse des Vergleiches, da er eine Verbindung zwischen Fähigkeitsmessung der Schüler und Einschätzung der Lehrer herstellen konnte. Bentley schreibt, dass Schüler, die vom Lehrer als "musikalisch" oder "ziemlich musikalisch" eingestuft worden waren, ebenfalls bessere Testergebnisse erzielten als Schüler, die schlechter vom Lehrer eingestuft worden waren. Es folgen in der Gültigkeitserklärung außerdem weitere Vergleiche, die anhand von Einschätzungen verschiedener Lehrer, wie etwa Chorlehrer oder Streicherlehrer, gemacht wurden. Die Einschätzungsmöglichkeiten beschreibt Bentley aber auch als zu gering, als dass diese eine repräsentative Aussage hätten.[25]

Die Validität und Reliabilität für den Bentley-Test wird mit r = .94 (Validität) und r = .84 (Retest-Reliabilität) angegeben. Diese hohen Werte und die daraus resultierende hohe Übereinstimmung ermittelte Bentley anhand folgender Kriterien[26]:

- Einschätzung durch Klassenlehrer

- Fortschritt in einer musikalischen Ausübung

- Testergebnis hochqualifizierter Musiker

- Vergleich mit Prüfungen (Noten)

In dem Buch "Grundlagen zur musikalischen Begabung" von Heiner Gembris wird der hohe Validität- und Reliabilitätskoeffizient allerdings in Frage gestellt, weil die Reliabilität höher sein müsste als die Validität. Die Reliabilität ermittelt sich nämlich als Retest, der mit der gleichen Gruppe durchgeführt wird. Somit müssen auf die Aussagen von Bentley bezogen,

---

[23] vgl. Bentley 1973, S. 64
[24] Bentley 1973, S. 64
[25] vgl. Bentley 1973, S. 64–65
[26] vgl. Bentley 1973, S. 69

Probanden im zweiten Test schlechter abgeschnitten haben obwohl es sich um den gleichen Test handelt. Das stellt für Gembris einen Widerspruch dar.[27]

5.1.8 Musikalisches Begabungsalter

Bentley machte bei der Analyse der 2000 standardisierten Testergebnisse, welche es ihm erlaubten, eine Hypothese zu einem möglichen musikalischen Begabungsalter aufzustellen, eine besondere Entdeckung. Er fand heraus, dass wenn er den Durchschnittswert der Punktezahl einer Altersgruppe durch drei dividierte, die am Ergebnis nächstliegende Ganzzahl identisch mit dem Alter der Gruppe war. Dies ist insofern interessant, als dass die Gruppen, an denen Bentley diese Feststellungen gemacht hat, stark auseinandergehende Ergebnisse über ihre musikalischen Fähigkeiten hervorbrachten. Anhand dieser These kann man nun die Formel [Gesamtpunktzahl] / 3 auch auf eine einzelne Person anlegen, insofern sie den Altersbedingungen des Testes entspricht. Laut Bentley würde man so auch eventuell bei Siebenjährigen feststellen, dass diese schon in einem musikalischen Begabungsalter von 14 Jahren stecken und umgekehrt. Dies würde ebenfalls für eine starke Ausprägung einer musikalischen Begabung sprechen, welche man von Beginn an besser fördern kann.[28]

---

[27] vgl. Gembris 2002, S. 113
[28] vgl. Bentley 1973, S. 77–78

5.2 Musikalische Begabungsforschung nach Edwin E. Gordon

5.2.1 Edwin E. Gordon

Edwin E. Gordon ist ein amerikanischer Musikpädagoge und Wissenschaftler auf dem Gebiet der Begabungsforschung. Von ihm wurden verschiedene Begabungstheorien zu musikalischen Begabungen und Befähigungen formuliert, die sich ab dem dritten Lebensjahr bis zum Erwachsenenalter an alle Altersgruppen richten. Das Besondere dabei ist, dass alle Begabungstests sich ausschließlich an Gordons eigener Theorie zur musikalischen Begabung orientieren.

5.2.2 Musical Aptitude Profile

Konzept und Ausgangspunkt bei allen Tests ist das von Gordon entwickelte Musical Aptitude Profile (abgekürzt MAP). Es wurde von Gordon ursprünglich entwickelt, um die musikalischen Stärken und Schwächen von Schülern und Jugendlichen festzustellen.[29] Das MAP misst beim Probanden Unterscheidungsfähigkeiten für tonale und rhythmische Veränderungen. Außerdem werden stilistische Kenntnisse vom Hörer abverlangt, die es zu definieren und unterscheiden gilt. Gordon beschreibt außerdem die Messbarkeit der musikalischen Sensitivität durch das MAP. Diese gibt an, wie genau man in der Lage ist, auf Änderungen in der Musik zu reagieren und diese in den eigenen Ideen zu verarbeiten und neu zu verknüpfen. Zu dem Bereich gehört außerdem die Erkennung einer expressiv-interpretativen Begabung[30].[31]

Auf der Grundlage des MAP entwickelte Gordon Tests wie "Audie" (Alter: 3-4 Jahren), "Primary Measures of Music Audiation" (Alter: 5-8 Jahre), "Intermediate Measures of Music Audiation" (Alter 7-10 Jahren) und "Advanced Measures of Music Audiation" (Alter: 12-18 Jahre).[32] Die Ausführung dieser Arbeit beschränkt sich jedoch ausschließlich auf den Test

---

[29] vgl. Gordon 1989, S. 15
[30] Unter einer expressiv-interpretativen Begabung versteht man den kreativen Umgang mit den selbständig erfassten musikalischen Elementen.
[31] vgl. Gembris 2002, S. 115
[32] vgl. Bruhn et al. 2009, S. 91

"Advanced Measures of Music Audiation", um den gezielten Vergleich mit dem Begabungstest von Arnold Bentley in den Fokus der Arbeit stellen zu können.

5.2.3 Aptitude und Audiation

Wie im Vorfeld beschrieben wurde, ist die Grundlage aller musikalischen Begabungstests von Edwin Gordon das Musical Aptitude Profile. Aptitude bedeutet im deutschen so viel wie Begabung, Talent oder Fähigkeit und zielt im Falle von Gordons Arbeiten auf das musikalische Können ab. Die genaue musikalische Begabung kann laut Gordon nicht fest definiert werden, sondern ist von der Befähigung abhängig, wie jemand innerlich hört („to audiate") und ist bestmöglich in musikalischen Begabungstests wissenschaftlich nachweisbar:

„Systematic research has provided substantial information about the nature and characteristics of music aptitude, particularly with regard to its sources, function, and development. Although it can be said that the level of one's music aptitude is commensurate with how well one audiates (hears, feels and comprehends music for which the sound is not physically present), a satisfactory verbal description of music aptitude, that is, a definition of its elements, has not yet been given. An understanding of music aptitude is best acquired by an examination of the content and psychological constructs of valid music aptitude tests. Knowledge about the nature and characteristics of music aptitude is best derived from the use of valid music aptitude tests under experimental conditions. "[33]

Gordons Theorie schildert neben dem Hören und Fühlen von Musik auch das musikalische Verständnis eines Einzelnen als Basis für eine musikalische Begabung. Diese zusammengefasste Basis bezeichnet Gordon als "Audiation". Audiation ist ein Neologismus und stammt ursprünglich vom lateinischen Wort "audire", welches übersetzt "lauschen" oder "hören" bedeutet. Für das Wort Audiation selber gibt es bis heute kein deutsches Äquivalent. Als Beschreibung kann man jedoch Gordons eigene Definition zu Audiation verwenden, die besagt, dass es sich um eine Imagination handelt, die beim Hören von Musik stattfindet, so wie es beim Hören von Sprachen der Fall ist.[34] Gordon nennt dabei als Beispiel die Imitation

---

[33] Gordon 1989, S. 9
[34] vgl. Gembris 2002, S. 116

und Nachbildung einer Melodie mit der Stimme oder einem Instrument, ohne dabei nähere Kenntnisse von musikalischen Noten oder der Musiktheorie im Allgemeinen zu besitzen. Laut seiner Auffassung gibt es sieben Arten/Typen und sechs Entwicklungsstadien von Audiation. Die Arten folgen keiner Hierarchie, können aber vereinzelt voneinander abhängig sein. Die Entwicklungsstadien wiederum sind immer hierarchisch und können sich vom jeweiligen Typ der Audiation unterscheiden.

5.2.4 Typen der Audiation

Die sieben Typen der Audiation[35]:

Typ 1: Die Audiation findet statt, wenn sowohl bekannte als auch unbekannte Musik gehört wird. Während des Hörens von Musik liegt der Fokus auf den tonalen und rhythmischen Mustern. Dabei werden die einzelnen musikalischen Bereiche vom Hörer syntaktisch verbunden und mit dem folgenden Bereich verglichen. Die Audiation findet jedoch nur bei dem bereits gehörten Abschnitt statt und nicht bei jenem musikalischen Teil, welcher gerade gehört wird.

Typ 2: Die Audiation erfolgt, wenn Noten in unbekannten oder bekannten Mustern in fremden oder vertrauten Stücken gelesen und gespielt werden.

Typ 3: Die Audiation findet statt, wenn Noten aus unbekannten oder bekannten Mustern in fremden oder vertrauten Stücken diktiert/angesagt werden und sie gleichzeitig notiert werden müssen. Dieser Typ sowie Typ 2 werden als Notations-Audiations bezeichnet.

Typ 4: Diese Audiation erfolgt, wenn ein melodisches oder rhythmisches Muster eines bekannten Stückes wiedergegeben wird, ohne dabei auf Noten zurückzugreifen oder das musikalische Stück parallel zu hören. Dabei spielt es keine Rolle, ob die Wiedergabe mit der Stimme, mit einem Instrument oder still erfolgt. Gordon merkt dazu an, dass es sich bei dieser Audiation nicht um einen Zustand handelt, der durch auswendiglernen erfolgte: *„That*

---

[35] vgl. Gordon 1989, S. 12–13

29

process of recalling through audiation, which continues throughout the piece of music, is different from the process that leads to the memorizing of a piece of music. "[36]

Typ 5: Diese Audiation findet statt, wenn nach der Vorgehensweise von Audiation Typ 4 die wiedergegebene Musik in Noten notiert wird.

Typ 6: Diese Audiation erfolgt, wenn ein unbekanntes musikalisches Stück kreiert oder improvisiert wird. Es werden dazu alle bekannten melodiösen/tonalen und rhythmischen Muster, die zur Verfügung stehen, während der Audiation abgerufen. Dabei spielt es keine Rolle, ob die Improvisation mit einem Instrument, der eigenen Stimme oder still, also innerlich, wiedergegeben wird. Diese Audiation findet durchweg während der gespielten Musik statt.

Typ 7: Diese Audiation findet statt, wenn nach Typ 6 die improvisierte oder kreierte Musik in Noten notiert wird. Alle rhythmischen und tonalen Muster, die durch Audiation improvisiert, kreiert oder wiedergeben werden, führen laut Gordon in ein neues zusätzliches Muster, welches erneut wiedergegeben, neu kreiert, oder neu improvisiert werden kann.

5.2.5 Entwicklungsstadien der Audiation

Im folgenden Abschnitt sind alle sechs Entwicklungsstadien von Audiation beschrieben. Jedes Stadium steht einzeln als Grundlage der Audiation und kombiniert sich laut Gordon immer mit dem darüber liegenden Stadium. Alle sechs Stadien sind im folgendem auf der Basis von Audiation-Typ 1 hierarchisch und kumulativ aufgelistet[37]:

1. Stadium: Es werden kurze Tonhöhen- und Tonlängenabschnitte als unmittelbare Impression behalten, kurz nachdem man den eigentlich musikalischen Abschnitt gehört hat. Dieses Stadium hat keine musikalische Bedeutung.

2. Stadium: Der aus Stadium 1 verinnerlichte tonale und rhythmische Abschnitt wird still wiedergegeben und anschließend durch Audiation in tonale und rhythmische Muster zerlegt.

---

[36] Gordon 1989, S. 13
[37] vgl. Gordon 1989, S. 13–14

Diese werden dann dem tonalen Zentrum und den Makro Beats der gehörten Musik zugeordnet.

3. Stadium: Man stellt durch die Interaktion mit jedem einzelnen rhythmischen und tonalen Muster die Tonalität (Grundtonart) und den Takt des gerade gehörten Liedes fest. In diesem dritten Stadium werden einem auch tonale, metrische und temporäre Modulationen des gehörten Liedes bewusst.

4. Stadium: Auf der Grundlage des dritten Stadiums werden die tonalen und rhythmischen Muster beurteilt, umstrukturiert, neu reorganisiert und definiert. Dieser Vorgang findet in Bezug auf die festgestellte Grundtonart und den Takt der vorangegangenen Audiation statt.

5. Stadium: Es werden tonale und rhythmische Muster ins Gedächtnis gerufen, welche bereits vor Stunden, Tagen, oder sogar Jahren durch Audiation reorganisiert wurden. Mit Hilfe dieser Muster werden die Gemeinsamkeiten und Unterschiede zur aktuellen Audiation festgestellt und die aktuellen Muster erneut geordnet.

6. Stadium: Im letzten Stadium der Audiation prognostiziert man die tonalen und rhythmischen Muster, welche möglicherweise als nächstes in der gehörten Musik vorkommen werden. Je akkurater die Prognose ausfällt, desto besser versteht man die eigentlich gehörte Musik in Bezug auf Melodik und Metrik. Fallen einige Prognosen falsch aus, nimmt man Änderungen an der Audiation vor und versucht, den Prozess des Stadiums zu wiederholen. Fallen alle Prognosen falsch aus, wird der Prozess der Audiation rückgängig gemacht und beginnt erneut mit dem 1. Stadium.

5.2.6 Advanced Measures of Music Audiation

"Advanced Measures of Music Audiation" heißt ins Deutsche übersetzt "erweiterte Messungen von Musik Audiation" und wird folgend auch als AMMA abgekürzt. Er ist der jüngste von Edwin Gordon entwickelte musikalische Begabungstest (1989) und stützt sich wie alle anderen seiner Tests auf das Musical Aptitude Profil.

Im Gegensatz zu allen anderen Tests von Gordon werden beim AMMA-Test keine Tonalen- und Rhythmus-Untertests durchgeführt. Stattdessen werden beide Aspekte in einem Test kombiniert. Der Proband, im Falle dieser Arbeit der Schüler, hört also tonale und rhythmische Testreihen nicht voneinander getrennt, sondern stets miteinander kombiniert. Außerdem ist pro Test immer nur eine Antwort möglich, die sich entweder auf den tonalen oder den rhythmischen Bereich bezieht. Es wird vom Probanden außerdem verlangt, dass er folgende Bereiche beim Hören gleichzeitig beachtet und koordiniert: Melodie, Tonart, Tonhöhe, implizite Harmonien, Rhythmus, Tempo und Metrum.

5.2.7 Grundlagen von Advanced Measures of Music Audiation

Gordon beschreibt in seiner Arbeit die Grundlagen zu AMMA in sechzehn Grundsätzen, welche er aufstellte, bevor er den Test entwickelte[38]:

1. Das wesentliche Hauptelement des Tests soll die Audiation von Musik sein. Elemente wie Imitation, Auswendiglernen oder Differenzierung von musikalisch getrennten Tönen oder Tonlängen gehören dagegen nicht dazu.

2. Der Test ist ausschließlich für kleine Gruppen oder einzelne Personen entworfen.

3. Die Dauer des Tests soll so kurz sein, dass er innerhalb von einer halben Stunde zu bewältigen ist.

4. Der Antwortbogen soll sowohl digital als auch per Hand ausfüllbar und auswertbar sein.

5. Probanden müssen keine Noten lesen oder schreiben können, um den Test zu absolvieren.

6. Probanden müssen weder Singen noch ein Instrument spielen können, um den Test zu absolvieren.

7. Probanden müssen weder mit Musiktheorie noch mit Musikgeschichte vertraut sein, um den Test zu absolvieren.

---

[38] vgl. Gordon 1989, S. 16–17

8. Die Musik im Test soll komplett neu komponiert und auf den jeweiligen spezifischen Teil zugeschnitten werden.

9. Die Musik im Test soll von einem professionellen Musiker eingespielt sein.

10. Die Wiedergabe der Musik soll unter den höchstmöglichen praktischen Bedingungen erfolgen.

11. Der Proband soll den Test genießen. Es sollen mehrere Varianten von Grundtönen, Tonarten, Taktarten und Geschwindigkeiten im Test eingebunden werden.

12. Der Test soll klanglich vielseitig sein und möglichst viele Aspekte von Form und Polyphonie verbinden.

13. Der Test soll geeignet sein, um eine große Spanne und Verschiedenheiten von musikalischer Begabung festzustellen.

14. Die Testfragen (musikalischen Stücke im Test) sollen keine Steigerung von leicht bis schwer beinhalten. Der Schwierigkeitsgrad soll gemischt im Test auftreten, um den Interessengehalt des Probanden am Test möglichst hoch zu halten.

15. Die Antworten auf die Testfragen, sollen keine Fähigkeit voraussetzen, die keine Hinweise auf die musikalische Begabung liefern.

16. Der Proband soll nicht dazu gezwungen werden, eine Antwort abzuliefern. Er soll eher dazu angespornt werden, eine Antwort auszulassen wenn er sich derer nicht schlüssig ist.

5.2.8 Der Begabungstest

Der "Advanced Measures of Music Audiation" Begabungstest besteht aus vier Audiospuren, welche nacheinander folgend abgespielt werden. Der Test wird heute als Compact Disc von G.I.A. Publications Verlag (Chicago, IL, USA) vertrieben. Die vier Spuren bestehen aus drei Übungen und dem eigentlichen Test. Außerdem befindet sich noch eine Einführungsspur auf der CD, welche ebenfalls zum Test gehört und als Gebrauchsanweisung für die Probanden dient (siehe Abbildung 6). Der gesprochene Text in dieser Einführung ist in englischer Sprache. Daher wird vom Forschenden und Autor dieser Arbeit nach der abgespielten Einführung der Test pausiert, um den Schülern alle Information noch einmal auf Deutsch zu vermitteln und wenn nötig, aufkommende Fragen zu beantworten.

> „You will hear short musical statements followed by musical answers. Remember each musical statement, because you will be asked to decide whether each musical answer is like each musical statement or different from each musical statement. If a musical answer is different from a musical statement, you will be asked to tell how it is different.
>
> If a musical answer is different from a musical statement, it will be because there is at least one tonal change in the musical answer or because there is at least one rhythm change in the musical answer. There will never be both tonal changes and rhythm changes in a musical answer.
>
> If a musical statement and the musical answer are the same, fill the blank in the 'Same' column after the number for that musical statement and musical answer. If a musical answer is different from a musical statement because there is at least one tonal change, fill the blank in the 'Tonal' column after the number for that musical statement and musical answer. If a musical answer is different from a musical statement because there is at least one rhythm change, fill the blank in the 'Rhythm' column after the number for that musical statement and musical answer. If you are not sure whether the answer is 'Same', 'Tonal' or 'Rhythm', do not guess. Leave the space blank for that question...“

Abb. 6: Einführungstext des Advanced Measures of Music Audiation Test (Gordon 1989, S. 23)

5.2.9 Anweisungen zum Begabungstest

Gordon hat neben den Audiospuren außerdem Anweisungen für die Vorbereitung kurz bevor der Test durchgeführt werden soll bereitgelegt. Diese Anweisungen gliedern sich in sieben Teile[39]:

1. Bevor die Schüler den Raum betreten, soll die Anlage über die das Medium abgespielt wird, korrekt aufgestellt werden. Korrekt bedeutet in diesem Sinne für

---

[39] vgl. Gordon 1989, S. 22

34

Gordon, dass jeder Schüler den Test gut vernehmbar hören kann. Der Test soll kurz angespielt und die Lautstärke an den Raum angepasst werden.

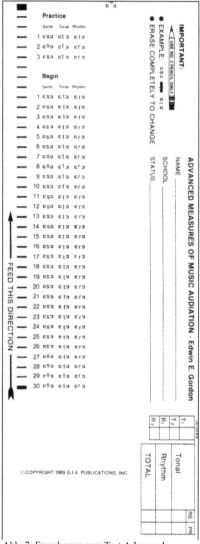

2. An den Sitzplätzen der Schüler soll pro Schüler ein Bleistift ausliegen. Zusätzliche Bleistifte sollen beim Forschenden bereitliegen, falls die Spitze eines Bleistifts abbricht. Gordon besteht außerdem darauf, dass nur Bleistifte verwendet werden dürfen.

3. Die Schüler sollen anschließend den Raum betreten. Die Fragebögen zum Test sollen jedem einzelnen ausgeteilt und erklärt werden. Jeder Schüler hat seinen Namen, seine Klasse und die Schule auf dem Bogen zu notieren. Das Feld "Status" auf dem Bogen kann für Informationen verwendet werden, die der Forschende für nötig hält. Im Falle dieser Arbeit sollen die Schüler gegebenenfalls notieren, ob und welches Instrument sie spielen.

4. Den Schülern soll kurz erklärt werden, um was für einen Test es sich handelt. Außerdem soll darauf hingewiesen werden, dass der Test keinen Einfluss auf ihre Noten hat und auch nicht benotet wird.

5. Es soll erklärt werden, dass der Test nicht wiederholt wird und keine

Abb. 7: Fragebogen zum Test Advanced Measures of Music Audiaton

Unterbrechungen während des Tests zugelassen sind. Die Schüler sollen sich bereit machen, die nächsten 20 Minuten aufmerksam zuzuhören.

6. Der Test soll gestartet werden. Anschließend soll der Forschende sich zum anderen Ende des Raumes begeben und die Lautstärke und Verständlichkeit überprüfen.

7. Nach dem Test sollen alle Fragebögen eingesammelt werden. Anschließend soll man sich bei allen Schülern für ihre Teilnahme am Test bedanken.

5.2.10 Testdurchführung

Die Länge des Tests beträgt insgesamt 16 Minuten. Der komplette Test in seiner Durchführung dauert demzufolge nicht länger als 20 Minuten. Die genannte Dauer von 20 Minuten beinhaltet auch die Pausen zwischen den einzelnen Tests, welche dem Probanden Zeit zum Antworten einräumt.

Die Musik wurde speziell für den Test geschrieben, komponiert und aufgenommen. Alle Klänge und Töne wurden mit einem Yamaha DX-7 Synthesizer erzeugt und von einem professionellen Musiker eingespielt. Dabei handelt es sich genauer um sechzig kurze Musikstücke, welche folgend aus einer musikalischen Vorgabe ("Musical Statements") und einer Musikalischen Antwort ("Musical Answers") bestehen. Sowohl die Vorgabe als auch die Antwort haben immer die gleiche Anzahl an Noten. Gordon hat sich dazu entschlossen, damit ein Zählen der Noten zur Feststellung der möglichen Variation ausgeschlossen werden kann. Sollte eine Abweichung der Antwort vorliegen, erfolgt diese ausschließlich tonal oder rhythmisch. Sie kann aber auch identisch zur Vorgabe sein.[40]   Dieses Frage-Antwort Muster wird insgesamt dreißig Mal durchgeführt. Vor jeder Testreihe wird in der Audiospur die Zahl der Testreihe angesagt, um die es sich handelt. Der Fragebogen für die Probanden ist ebenso numerisch geordnet.

---

[40] vgl. Gordon 1989, S. 17

5.2.11 Auswertung des Begabungstests

Die Resultate von Advanced Measures of Music Audiation werden anhand von Punktzahlen berechnet, welche aus den Fragebögen der Probanden ermittelt werden können. Nach Gordon gibt es drei Arten von Ergebnissen: "Raw Scores", "Adjusted Raw Scores" und "Percentile Ranks".

Raw Scores steht für die einfache Zählung aller richtigen Antworten die vom Probanden im Test angekreuzt wurden. Adjusted Raw Scores stehen für die ausgerechneten Ergebnisse, die mithilfe mehrerer Antwortschablonen aus dem Fragebogen berechnet werden können. Es handelt sich dabei um zwei Schablonen. Beide enthalten zwei Schablonenmuster, welche nacheinander für die Auswertung benutzt werden müssen. Bei Tonal handelt es sich um T1 und T2, bei Rhythm um R1 und R2. Diese Bezeichnungen finden sich auch auf dem Fragebogen des Probanden wieder (siehe Abb. 2).

Für die Auswertung legt man die Schablone T1 in der Spalte „Tonal" des Fragebogens an und zählt die angekreuzten Antworten. Diese trägt man anschließend unter T1 ein. Es handelt sich hierbei um die richtigen Antworten. Im Anschluss legt man die Schablone T2 wieder in dieser Spalte an und zählt erneut die angekreuzten Antworten. Diese trägt man unter T2 ein. Hierbei handelt es sich um die falschen Antworten. Denselben Vorgang wiederholt man mit der Schablone R1 und R2 in der Spalte „Rhythm" auf dem Fragebogen, so dass ebenfalls R1 und R2 ausgefüllt werden können. Die Schablonen können als Kopie im Kapitel Anhang eingesehen werden. Die Raw Score von Tonal und Rhythm berechnet sich wie folgt:

$$\text{Tonal Raw Score} = T1 + 20 - T2$$

$$\text{Rhythm Raw Score} = R1 + 20 - R2$$

Die Zahl 20, welche Gordon als Konstante bei der Berechnung der Tonal und Rhythm Raw Score mit einbezieht, soll garantieren, dass kein negatives Ergebnis möglich ist. Dies würde ohne die Konstante passieren, sobald T2 größer T1 oder R2 größer R1 wäre.[41]

Es werden außerdem klare Begründungen zum Abzug von falsch gegebenen Antworten, jedoch kein Punkteabzug bei nicht gegebenen Antworten von Gordon genannt. Er ordnet

---

[41] vgl. Gordon 1989, S. 27

eine falsche gegebene Antwort einer schlechteren Ausprägung der Aptitude zu. Jemand der sich seiner Antwort unschlüssig ist und stattdessen keine Antwort gibt, weiß mehr, nur kann er es nicht genau präzisieren. Eine falsch gegebene Antwort präzisiert hingegen einen Fehler.

"...,he or she knows more than a student who does not know that he or she does not know the correct answer to a question, and therefore gives an incorrect answer..."[42]

Nach der Berechnung der Raw Scores, wird die Total Raw Score ermittelt. Diese berechnet sich aus der Summe von der Tonal Raw Score und der Rhythm Raw Score. Das Score Maximum beträgt bei der Tonal und Rhythm Raw Score jeweils 40 Punkte. Das Maximum kann nur erreicht werden, wenn ein Proband alle T1 und R1 Punkte, jedoch keine T2 und R2 Punkte richtig ausgewählt und angekreuzt hat. Die Maximale Raw Score im Total Test liegt bei 80 Punkten. Gordon räumt ein, dass dieser Wert selten bis gar nicht erreicht wird. Alle drei erhaltenen Scores werden jetzt in Percentile Ranks unabhängig voneinander

TABLE 1

TONAL TEST

Percentile Rank Norms

Raw Score	Music Majors	Non-Music Majors	High School Students	Raw Score
40	99			40
39	98	99		39
38	97	98		38
37	96	97	99	37
36	94	96	98	36

Abb. 8: Auszug aus der Tonal Test Tabelle
(Gordon 1989, S. 28)

konvertiert. Percentile Ranks stehen für die finalen Messergebnisse. Es handelt sich dabei um drei Tabellen, Tonal (siehe Abb. 8), Rhythm und Total, welche im Anhang dieser Arbeit zu finden sind. Jede dieser Tabellen untergliedert sich in drei "Percentile Rank Norms": "Music Majors" – für Studenten, welche ein Musikstudium absolvieren; "Non-Music Majors" – für Studenten aller nicht-musikalischen Studiengänge und "High School Students" – für Schüler eines Gymnasiums, oder einer anderen vergleichbaren schulischen Einrichtung. Auffallend ist, dass Gordon bei Non-Music Majors und High School Students den höchsten Percentile Rank bereits bei einer geringeren Raw Score vergibt. Er verweist dabei auf die Normung der Percentile Ranks, welche auch ausschlaggebend für die Einstufung einer musikalischen Begabung ist. Der Percentile Rank hat eine Reichweite von 1 bis 99 Punkten, wobei 1 für den schlechtesten und 99 für den besten zu erreichenden Wert steht.

---

[42] Gordon 1989, S. 27

5.2.12 Normung des Advanced Measures of Music Audiation Test

Die Normung der Percentile Ranks und die damit einhergehende Standardisierung von Advanced Measures of Music Audiation wurde in den Jahren 1986-1987 national in den USA flächendeckend an 409 Schulen und Institutionen durchgeführt. Lediglich in den Staaten Alaska, Hawaii und Delaware fanden keine Tests an Schulen statt, da die Dichte von Institutionen oder Schülern zu gering, beziehungsweise beim Staat Delaware von der geographischen Lage zu viele Institutionen in den benachbarten Staaten vorhanden waren. Insgesamt beteiligten sich 14414 Schüler und Studenten an den Tests. Die Auswahl der Institutionen und deren Probanden wurden im Vorfeld in einer Zusammenarbeit mit der National Association of Schools of Music (kurz NASM) getroffen. Die Auswertung aller Testergebnisse übernahm der GIA Publications Verlag, der bis heute die Auswertungen aller Tests von Gordon anbietet.[43]

Aufgrund der hohen Schüler- und Studentenzahl, welche sich an der Standardisierung des Testes beteiligt hat, können die genormten Werte als repräsentativ gewertet werden. Für die Reliabilität der Tests wurden alle drei Gruppen (Music Majors, Non-Music Majors und Students) mit zwei Methoden zur Feststellung der Reliabilität getestet. Bei den Methoden handelt es sich um die Splithalf Reliabilität und die Retest Reliabilität:

- Die Splithalf Reliabilität wird festgestellt, indem der Test in zwei Hälften geteilt und von jeder Hälfte im Ergebnis die Korrelation festgestellt wird. Die Reliabilität ergibt sich aus dem Vergleich der beiden Korrelationsergebnisse.[44]

- Bei einem Retest wird ein Testverfahren an dem gleichen Probanden zweimal durchgeführt. Die Reliabilität ist dabei hoch, wenn die zwei Messungen an unterschiedlichen Zeitpunkten miteinander hoch korrelieren.[45] Im Falle von Advanced Measures of Music Audiation kann diese Reliabilität jedoch nur bedingt gewertet werden, weil ein Erinnerungseffekt seitens des Probanden eintreten kann.

Für die Auswertung der Testergebnisse dieser Arbeit wird auf eine Normung zurückgegriffen, welche im Advanced Measures of Music Audiation Kit von GIA

---

[43] vgl. Gordon 1989, S. 36–38
[44] vgl. Moosbrugger und Kelava 2007, S. 122
[45] vgl. Moosbrugger und Kelava 2007, S. 116

mitgeliefert wurde. Darin wurden 1.533 Schüler und Schülerinnen der siebten und achten Klasse getestet. Mit den gewonnen Ergebnissen wurde eine auf dieses Alter abgestimmte Raw Score mit dem dazugehörigen Percentile-Wert ermittelt.

The Advanced Measures of Music Audiation now has norms for seventh and eighth grade students. The norms, printed below, are based upon the test results of 1,533 Northeastern and Midwestern U.S. seventh and eighth grade students.

TONAL Raw Score	Percentile	RHYTHM Raw Score	Percentile	TOTAL Raw Score	Percentile
36	99	37	99	70	99
35	98	36	98	69	98
34	97	35	97	68	97
33	96	34	96	67	96
32	95	33	95	66	95
31	94	32	94	65	94
30	93	31	92	64	93
29	92	30	89	63	92
28	90	29	85	62	91
27	85	28	80	61	90
26	80	27	70	60	89
25	70	26	60	59	88
24	60	25	50	58	87
23	50	24	45	57	86
22	45	23	35	56	85
21	40	22	25	55	83
20	35	21	20	54	80
19	30	20	15	53	77
18	25	19	11	52	73
17	20	18	7	51	69
16	15	17	4	50	65
15	10	16	2	49	60
14	6	15	1	48	55
13	4			47	50
12	3			46	45
11	2			45	40
10	1			44	35
				43	31
				42	27
				41	23
				40	19
				39	15
				38	12
				37	10
				36	9
				35	8
				34	7
				33	6
				32	5
				31	4
				30	3
				29	2
				28	1

Seventh and Eighth Grade Statistics for the Advanced Measures of Music Audiation

MEANS, STANDARD DEVIATIONS, SPLIT-HALVES RELIABILITIES, AND INTERCORRELATION

	MEAN	S.D.	RELIABILITY
TONAL	22.6	4.27	.80
RHYTHM	24.8	4.37	.83
TOTAL	47.4	8.00	.85

TONAL X RHYTHM INTERCORRELATION .73

Abb. 9: Normung der von Gordon durchgeführten Tests mit Sieben- und Achtklässler

5.2.13 Feststellung der musikalischen Begabung anhand des Percentile Ranks

Wie bereits erläutert, ist der Percentile Rank das Hauptergebnis, welches anhand der verschiedenen Raw Scores (Tonal, Rhythm und Total) ermittelt wird. Dabei verweist Gordon unabhängig des Ergebnisses darauf, ein musikalisches Interesse weiterhin zu verfolgen: „...Whether students receive high or low scores on the Advanced Measures of

Music Audiation, they should be given types of instruction and opportunities in music that best suit their individual musical needs.[46]

Der Percentile Rank ist laut Gordon nicht nur ein erreichter Wert, sondern eine mögliche Schlussfolgerung auf die musikalische Begabung. Die Schlussfolgerungen sind in sieben Teile gegliedert und dienen möglichen Zwecken oder Empfehlungen. Gordon weist ebenso darauf hin, dass jeder Proband, der sich dem Test unterzogen hat, abhängig von seinem Umfeld individuell beraten werden sollte, falls dieser bestrebt ist, seine Zukunft musikalisch auszurichten. Dabei spielt es keine Rolle, ob sich diese Ausrichtung auf berufliche oder freizeitliche Aktivitäten bezieht.[47]

1) Kriterium für die Aufnahme an einer Musikhochschule:
   Percentile Rank: = / > **50%**

2) Indikator für eine hohe musikalische Begabung:
   Percentile Rank: **>90%**

3) Objektiver Indikator zur Beurteilung tatsächlicher musikalischer Leistungen:
   Percentile Rank: = / > **80%** hohe musikalische Leistung
                       21%-79% durchschnittliche musikalische Leistung
                       =/< **20%** geringe musikalische Leistung

4) Effiziente Anpassung der musikalischen Lernmethoden (Aufgaben und Übungen)
   im Privat- und Schulunterricht unter Berücksichtigung der individuell
   unterschiedlichen Voraussetzungen von Oberschülern und Musikstudenten:
   Percentile Rank: = / > **80%** anspruchsvolle Lernmethoden
                       21% - 79% durchschnittliche Lernmethoden
                       = / < **20%** leichte Lernmethoden

5) Zuweisung von Schülern zu methodisch-unterschiedlich aufgebauten musikalischen
   Lektionen entsprechend ihrer Veranlagung im Rahmen des musikalischen
   Schulunterrichts sowie im Ensemblespiel:
   Percentile Rank: Abhängig von den Ergebnissen im Tonal und Rhythm Test

---

[46] Gordon 1989, S. 32
[47] vgl. Gordon 1989, S. 33–35

gemessen an den standardisierten musikalischen Vorgaben des Ensembles. Von Gordon wird für diese Feststellung kein Percentile Rank genannt. Gemessen wird dabei welcher der beiden Tests (Tonal oder Rhythm) einen höheren Wert erzielt.

6) Objektive Referenz für angehende Musikstudenten zur Erleichterung ihres Werdegangs als Künstler / Musiker:

Percentile Rank: **> 90%**

7) Effiziente Anpassung der musikalischen Lernmethoden (Aufgaben und Übungen) im Privat- und Schulunterricht unter Berücksichtigung der individuell unterschiedlichen Voraussetzungen von Schülern der Unterstufe:

Percentile Rank: **= / > 80%** anspruchsvolle Lernmethoden

21% - 79% durchschnittliche Lernmethoden

= / < 20% leichte Lernmethoden

6. Methodik

6.1 Qualitatives Interview

Bevor die Musikalitätstests von Arnold Bentley und Edwin E. Gordon durchgeführt werden, erfolgt eine Befragung in Form eines Interviews mit dem/der Musiklehrer/in der ausgesuchten Probanden. Das Interview wird als qualitative Befragung in Form eines Leitfadeninterviews durchgeführt. Da alle Probanden Schüler und Schülerinnen derselben schulischen Einrichtung sind und allesamt den gleichen Musikpädagogen als Lehrer im Unterrichtsfach Musik haben, werden für das Interview keine weiteren Lehrer für die Befragung benötigt.

Ziel des Interviews soll es dabei sein, vom Befragten alle Probanden fachgerecht einschätzen und bewerten zu lassen. Es werden dabei die einzelnen Bereiche befragt, auf die sich die beiden Tests zur musikalischen Begabung beziehen. Dazu gehören neben Einschätzungen zur Musikalität des Probanden auch Bewertungen zu Rhythmusgefühl und Intonation. Zudem sollen auch nichtmusikalische Faktoren wie Mitarbeit, autonomes Lernen und soziales Verhalten angeschnitten werden. Diese dienen der möglichen Korrektur nach der gemeinsamen Auswertung von Interview und Testergebnissen. Subjektive Kriterien zur Beurteilung eines Schülers aus Sicht der Lehrkraft können somit im Abgleich der Ergebnisse berücksichtigt werden.

6.2 Experteninterview - Leitfadeninterview

Genauer spricht man von der gewählten Methodik von einem Experteninterview, welches sich aufgrund von konkreten Aussagen in Form eines Leitfadeninterviews aufbaut. Im Unterschied zu anderen qualitativen Interviewformen ist der Befragte bei einem Experteninterview weniger als Person sondern mehr in seiner Funktion als Experte für Themen- und Handlungsfelder gefragt.

"Als Experte wird angesprochen, wer in irgendeiner Weise Verantwortung trägt für den Entwurf, die Implementierung oder die Kontrolle einer Problemlösung oder wer über einen privilegierten Zugang zu Informationen über Personengruppen oder Entscheidungsprozesse verfügt."[48]

Der Expertenstatus wird vom Forschenden/Autor verliehen. Er ist immer relativ zu betrachten, da er sich ausschließlich auf den jeweils festgelegten Forschungsbereich bezieht. Dies bedeutet, der Musiklehrer, der im Zuge des Experimentes zur Musikalität seiner Schüler interviewt wird, wird als Experte angesprochen. Läge das Forschungsinteresse auf der psychischen Belastung des Lehrerberufs, wäre derselbe Lehrer nicht als Experte sondern als Betroffener Gegenstand der Forschung.[49]

Die Hauptaufgabe der Expertenbefragung liegt ausschließlich bei der Begrenzung und Festlegung des Themenkomplexes. Dabei stützt sich die Befragung auf einen definierten Wirklichkeitsausschnitt. Auf die Experimente des Autors bezogen, handelt es sich dabei um die Einschätzung der Musikalität seiner Schüler und Schülerinnen.

---

[48] Bogner et al. 2005, S. 73
[49] vgl. Bogner et al. 2005, S. 73–74

Ein Experteninterview ist in der Regel ein Leitfadeninterview mit offen formulierten Fragen. Dem Leitfaden kommt hierbei in Hinblick auf den Ausschluss von irrelevanten Themen eine noch größere Steuerungsfunktion zu.[50]

6.3 Merkmale des Leitfadeninterviews

Hauptmerkmal eines Leitfadeninterviews sind offen formulierte Fragen, die als Leitfaden dem Interview zu Grunde liegen. Der Befragte kann auf diese frei antworten. Durch eine konstante Verwendung der Fragen des Leitfadens, lassen sich die unterschiedlichen Daten besser vergleichen und erhalten zudem eine Struktur. Der Interviewer kann sich anhand der Fragen des Leitfadens besser orientieren und gewährleistet zusätzlich, dass keine wesentlichen Aspekte der Forschungsfragen übersehen werden.[51]

Da es sich bei dem Fragenkatalog nur um einen Leitfaden handelt, hat der Interviewer die Möglichkeit, bei ausholenden Antworten von den gegebenen Fragen abzuweichen, um detaillierter nachzufragen. So können mögliche Einzelheiten, die für das Interviewthema relevant sind, zusätzlich in Erfahrung gebracht werden.

"Der Leitfaden schneidet die interessierenden Themen aus dem Horizont möglicher Gesprächsthemen heraus und dient dazu, das Interview auf diese Themen zu fokussieren."[52]

---

[50] vgl. Flick 1999, S. 109
[51] vgl. Mayer 2008, S. 37
[52] Mayer 2008, S. 43

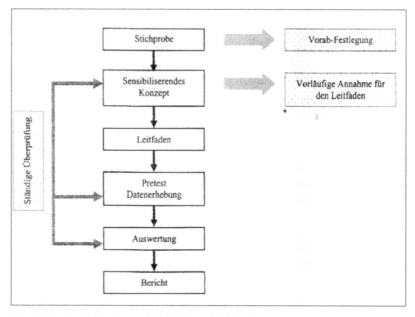

Abb. 10: Von der Stichprobe zum Bericht (Mayer 2008, S. 42)

Nachdem vom Autor die Stichprobe[53] festgelegt wurde, ist es notwendig, ein sensibilisierendes Konzept als Grundlage zu erstellen (siehe Abbildung 10). Darunter versteht man die Erfassung aller wesentlichen Aspekte des jeweiligen Realitätsausschnittes. Im Falle dieser Arbeit sind damit die musikalischen Voraussetzungen[54] der Schüler im Musikunterricht des zu befragenden Musiklehrers gemeint. Außerdem müssen weitere individuelle Eigenschaften und Auffälligkeiten des jeweiligen Schülers, die im Zusammenhang mit dem Thema dieser Arbeit stehen, ergänzend vom Lehrer hervorgehoben werden.

---

[53] Als Stichprobe bezeichnet man bei einer qualitativen Methodik den jeweiligen Interviewpartner. In diesem Fall handelt es sich dabei um den Musiklehrer.
[54] Dabei handelt es sich sowohl um Eigenschaften, die auf eine besondere musikalische Begabung hinweisen, als auch um musikalische Aktivitäten, die außerhalb des Musikunterrichtes praktiziert werden. Zum Beispiel das Spielen eines Instrumentes, oder das Singen in einem Chor oder einer Band.

Bei der Erstellung des Leitfadens ist zu beachten, dass die Fragestellungen nicht zu spezifisch formuliert und deshalb zu stark eingeschränkt wird. Während der anschließenden Befragung kann das Interview durch individuell gestellte Fragen, die sich auf Antworten des Befragten beziehen, besser gestaltet werden. Der Fragenkatalog des Leitfadens sollte daher wenn möglich Themenkomplexe beinhalten, denen Nachfragethemen zugeordnet sind.

6.4 Pretest

Idealerweise sollte nach dem sensibilisierenden Konzept ein Probeinterview (ein sogenannter Pretest) durchgeführt werden, um mögliche thematische Fehlerquellen oder unverständliche Formulierungen verbessern zu können.[55] Beim Pretest werden alle Themenkomplexe mit dem Interviewpartner durchgesprochen und unverständliche oder zu komplexe Formulierungen festgestellt, um gegebenenfalls diese während des eigentlichen Interviews verständlicher zu formulieren. Weiterhin können durch den Pretest thematische Lücken im Leitfaden festgestellt werden, die für das Interview relevant, jedoch noch nicht im Leitfaden vorhanden sind.

6.5 Durchführung des Interviews

Bei der Durchführung des Interviews ist es wichtig, dass sich beide Interviewpartner auf die Befragung, beziehungsweise auf die Beantwortung konzentrieren können. Das setzt auch eine flexible Handhabung des Leitfadens voraus. Damit dies gewährleistet werden kann, ist es empfehlenswert, ein Tonband (oder ein anderes Audioaufnahmegerät) zur Aufzeichnung des Interviews zu verwenden. Hierbei ist zu beachten, dass für die Aufnahmen das Einverständnis des Befragten benötigt wird. Während des Gespräches hat der Interviewer die Aufgabe, anhand des Leitfadens die verschiedenen Themenkomplexe durch Verständnis-, Kontroll- und Sondierungsfragen zu erarbeiten, um eine sachgerechte Auswertung vornehmen zu können. Dabei gilt es auch, alle gesammelten Kenntnisse über Strukturierung und Durchführung des Interviews umzusetzen und anschließend spezifisch zu verarbeiten.[56]

---

[55] vgl. Mayer 2008, S. 44–45
[56] vgl. Mayer 2008, S. 47

6.6 Auswertung des Interviews

Ziel der Interviewauswertung ist es, anhand des transkribierten[57] Audiomaterials, den Interviewtext im thematisch relevanten Kontext zu stellen und zu vergleichen. Die Auswertung kann dabei nach verschiedenen Modellen vorgenommen werden. Der Autor dieser Arbeit hat sich dabei für das pragmatische Auswertungsverfahren nach C. Mühlfeld entschieden. Dieses Verfahren wird von Hans Otto Mayer im Buch "Interview und Schriftliche Befragung" genau erläutert. Das genaue Ziel dabei ist es, das Überindividuell-Gemeinsame[58] herauszuarbeiten. Die Entscheidung wird begründet mit einem geringeren Aufwand zur Auswertung im Vergleich zu anderen Auswertungsverfahren. Dabei liegt das Hauptaugenmerk auf unverdeckten Kommunikationsinhalten. Man spricht daher auch von einem Verfahren, welches zwischen quantitativ und qualitativ angesiedelt ist, da andere Inhalte, die nicht offenkundig benannt sind und daher eine tiefere Interpretation erfordern, nicht in die Auswertung mit einfließen.[59] Für diese Arbeit ist dies auch nicht von Nöten, weil sich alle qualitativen Inhalte mit den Auswertungen der musikalischen Begabungstests vergleichen lassen müssen. Diese stellen auch den Rahmen des vorher angefertigten Fragenkatalogs, sodass eine Abweichung des Themenkomplexes bereits im Vorfeld verhindert werden kann. Auf die Befragung dieser Bachelorarbeit bezogen, werden in der Interviewdurchführung neben den individuellen Einschätzungen auch Bewertungen nach Skalen von 1 (sehr schlecht) bis 10 (sehr gut) vom Interviewpartner abgefragt, da sich diese für das gewählte Auswertungsverfahren besser verarbeiten lassen.

Zusätzlich wird neben diesem Auswertungsverfahren für detailliertere Darstellungen das Auswertungsverfahren von Meuser und Nagel verwendet, welches im Buch "Interview und Schriftliche Befragung" von Horst Otto Mayer beschrieben. Dieses wurde vom Autor zusätzlich gewählt, um größere gesprochene Abschnitte des Interviews besser in dessen Auswertung mit einfließen lassen zu können.

Das gewählte Auswertungsverfahren beginnt mit der Transkription der Aufzeichnungen vom Interview. Anschließend werden vom Befragten die textlichen Inhalte analysiert und falls notwendig paraphrasiert. Das bedeutet, dass gesprochene Sätze, welche relevant für die

---

[57] Unter transkribieren versteht man die Übertragung von Gesprächen in eine schriftliche Form.
[58] die höchstmögliche Gemeinsamkeit
[59] vgl. Mayer 2008, S. 48

Auswertung sind, in einen verständlichen Ausdruck gebracht werden. Der gesprochene Inhalt wird dabei nicht verändert, da es sich sonst um eine Interpretation handelt. Als nächstes ist eine thematische Ordnung vorgesehen. Diese ist jedoch nur notwendig, wenn während des Leitfadeninterviews zu stark von der Thematik abgewichen wurde und somit einzelne Textauszüge kaum oder gar nicht zur thematischen Auswertung passen. Diese Auszüge müssen jedoch nur berücksichtigt werden, wenn im Verlauf der Antwort wieder auf das zu behandelnde Thema zurückgekommen wird. Neben der thematischen Ordnung ist auch ein thematischer Vergleich mit anderen getätigten Interviews vorgesehen. Vom Interviewer wurden jedoch keine weiteren Befragungen vorgenommen, sodass dieser Punkt nicht berücksichtigt werden kann. Die nächste Stufe des Auswertungsverfahrens ist die Konzeptualisierung. Die Terminologie des Interviewten wird abgelöst und in eine wissenschaftliche Sprache umformuliert. Es ist einer der wichtigsten Stufen, weil hierbei das besondere Wissen des Experten verdichtet und expliziert wird. In der letzten Stufe erfolgt die theoretische Generalisierung. Das heißt, die Ergebnisse werden zusammengetragen und in ihrem Zusammenhang theoretisch geordnet.[60]

6.7 Themenkomplexe des Leitfadeninterviews dieser Arbeit

Im Zusammenhang mit der Durchführung des Leitfadeninterviews wurden vom Autor folgende Themenkomplexe und deren Unterkategorien erarbeitet:

- Information zum Interview

  o Vorstellung des Interviewers

  o Hinweisen auf die Verwendung eines Aufnahmegerätes

- Darlegung der Ziele der Befragung

  o Erklärung der musikalischen Begabungstests und Zweck der Durchführung

- Pädagogische und fachmännische Beurteilung jedes einzelnen Schülers, welcher sich an den musikalischen Begabungstests beteiligt:

---

[60] vgl. Mayer 2008, S. 52

- o Besondere Aspekte zum Schüler abfragen

- o Beurteilung nach einer Skala von 1 (sehr schlecht) bis 10 (sehr gut) über folgende musikalische Befähigungen: Intonation, musikalisches Gedächtnis, Musikalisches Gehör, Rhythmusgefühl

- o Beurteilung zu den pädagogischen Faktoren des Schülers nach einer Skala von 1 (sehr schlecht) bis 10 (sehr gut): Kenntnisse, Aufmerksamkeit, Mitarbeit, Leistung

- • persönliche Meinung zur Thematik "musikalische Begabungstests" und Fragen zur Lehrerpersönlichkeit

7. Durchführung

Für die Durchführung der Begabungstests nach Arnold Bentley und Edwin E. Gordon wurde mit einem Gymnasium in Leipzig zusammengearbeitet. Diese Schule ist eine Privatschule in welcher der Fokus neben dem normalen Unterricht auf Kreativität gerichtet ist. Die Schüler werden individuell in Kursen nach der regulären Schulzeit gefördert und können sich für spezielle Tätigkeiten entscheiden. Dies basiert auf einem freiwilligen Prinzip. Durch den Kontakt mit Herrn V., der Lehrer an dieser Schule und darüber hinaus ein Bekannter des Autors dieser Arbeit ist, konnte eine geeignete Klasse gefunden werden, deren Altersgruppe beide musikalischen Begabungstests abdecken. Herr V. empfahl dem Autor die Klasse 7, da diese ein breites Spektrum an unterschiedlich ausgeprägten Charakteren hinsichtlich ihrer Musikalität besitzt.

Der Autor ließ über Lehrer V. bei den Schülern anfragen, ob von deren Seite Interesse bestünde, an den musikalischen Begabungstests teilzunehmen. Zusätzlich holte Herr V. die benötigten Genehmigungen bei der Schulleitung und dem Klassenlehrer ein. Insgesamt sollten 20 Schüler und Schülerinnen an den beiden Tests teilnehmen, was jedoch an der Zustimmung der Eltern zum Teil scheiterte, da für die Durchführung auch deren Einverständniserklärung benötigt wurde und nicht alle Elternteile einwilligten. Insgesamt konnten zehn Einverständniserklärungen eingeholt werden. Diese können im Anhang dieser Arbeit eingesehen werden. Herr V. vermittelte ebenfalls den Kontakt zwischen dem Autor und dem Musiklehrer der Klasse 7. Mit diesem wurde im Anschluss an die musikalischen Begabungstests ein qualitatives Interview zur Einschätzung der einzelnen Schüler, welche an den Tests teilnahmen, durchgeführt. Ebenso sollte er seine pädagogische und subjektive Meinung als Experte für Musik und Musikpädagogik in die Befragung mit einbringen.

7.1 Durchführung des Bentley-Tests "Messung musikalischer Fähigkeiten"

Der Bentley-Test wurde am 29. Januar 2014 im Gymnasium Leipzig durchgeführt. Ort der Durchführung war das Musikzimmer des Gymnasiums, welches die Möglichkeit bot, eine entspannte und ruhige Atmosphäre und damit optimale Testbedingung zu schaffen. Zeitpunkt der Durchführung war die vierte Unterrichtsstunde der Schülerinnen und Schüler. Alle Schüler, die sich dem musikalischen Begabungstest unterziehen wollten, wurden vom Lehrer zum genannten Zeitpunkt vom Unterricht befreit. Dieser begleitet sie anschließend in das Musikzimmer, wo der Testdurchführende – der Autor dieser Arbeit, Herr Kulisch – bereits auf die Schüler wartete. Herr V. stellte eine Stunde im Vorfeld zusammen mit Herrn Kulisch alle benötigten Ressourcen für den Test optimal ein. Dazu gehörten:

- ausreichend Stühle und Tische für alle Schüler sicherzustellen und diese in eine gute Position zu bringen, sodass an jedem Platz die Tonaufgaben und Übungen des Bentley-Tests gleichgut hörbar sind

- Absicherung, dass genug Stromanschlüsse für Musikanlage, Laptop und CD-Spieler am Arbeitsplatz des Testdurchführenden sind

- Sicherstellung der optimalen Funktionsweise aller elektronischen Geräte. Besonderer Fokus lag dabei auf der Musikanlage, da eine laute, deutliche und klare Wiedergabe der Klangaufgaben für eine fehlerfrei Testdurchführung gewährleistet sein muss

- Genug Stifte und Formularkopien zum Bentley-Test für die Schüler bereitlegen

- Hochfahren des Laptops und Öffnen des Arnold-Bentley-Test Projektes

- kurzer Probetest mit allen vier Untertests des Bentley-Tests um sicherzustellen, dass alle Dateien funktionieren und nicht beschädigt sind

Natürlich könnte man meinen, dass Teile der Vorbereitung zur Durchführung der Tests nicht zwingend notwendig waren, jedoch sollten alle noch so kleinen Fehlerquellen ausgeschlossen werden um einen reibungslosen Ablauf des Testes garantieren zu können.

Mit Beginn der vierten Stunde führte Herr V. die Schüler, die sich für die Begabungstests gemeldet und deren Eltern die Einverständniserklärungen unterzeichnet hatten, in das Musikzimmer. Der Testdurchführende Herr Kulisch stellte sich kurz vor, bedankte sich für die Anteilnahme und gab eine kurze Einführungserklärung zu dem Test "Messung musikalischer Fähigkeiten" von Arnold Bentley. Anschließend teilte er das Antwortformular aus und gab letzte Instruktionen zu den vier Untertests. Dabei hielt er sich explizit an die Vorgabe zur Durchführung des Bentley-Tests, welche im Kapitel "Grundlagen" unter "Messung Musikalischer Fähigkeiten nach Arnold Bentley" noch einmal nachgelesen werden können.

Abb. 11: Arbeitsplatz des Testdurchführenden während der musikalischen Begabungstests nach Arnold Bentley und Edwin E. Gordon im Gymnasium

Der Testdurchführende erkundigte sich noch einmal, ob alle Schülerinnen und Schüler es verstanden hatten und bat anschließend um Ruhe, um den Test starten zu können. Ohne Pause wurden im Anschluss alle vier Untertests des Bentley-Tests nacheinander mit Hilfe der DAW Ableton Live abgespielt. Der komplette Test dauerte 30 Minuten. Es traten während des gesamten Tests keine Unterbrechungen oder Komplikationen auf. Der Testdurchführende konnte ebenfalls beobachten, dass die Schüler sichtlich Spaß an den Tests hatten, obgleich sie mit der Zeit auch angestrengtere Gesichtsausdrücke machten. Im Anschluss an die durchgeführten Tests bedankte sich der Testdurchführende erneut und sammelte die ausgefüllten Formulare von den Schülern ein. Herr V. verabschiedete sich zusammen mit den Schülern bei dem Testdurchführenden, Herrn Tino Kulisch, und brachte die Schüler wieder zurück in ihren Unterrichtsraum. Es wurden von Herrn Kulisch alle Geräte sorgfältig zusammengepackt und die Testergebnisse für die Auswertung abgeheftet.

7.2 Durchführung des Begabungstests "Advanced Measures of Music Audiation" von Edwin E. Gordon

Der musikalische Begabungstest von Edwin E. Gordon wurde am 5.Februar 2014 ebenfalls im Gymnasium Leipzig durchgeführt. Alle Vorgänge verliefen ebenso wie bei der Durchführung des Bentley-Tests eine Woche vorher. Einziger Unterschied in der Durchführung lag bei der Testdauer, die sich aufgrund der Teststruktur auf 20 Minuten beschränkte. Die Schüler gaben nach dem Test an, dass ihnen der Bentley-Test insgesamt besser gefallen hatte. Auf die Nachfrage nach dem Grund merkten zwei Schülerinnen an, dass der Bentley-Test leichter für sie sei, als der Gordon-Test.

7.3 Durchführung des Leitfadeninterviews

Das Leitfadeninterview wurde am 05.02.2014 am Gymnasium Leipzig durchgeführt. Der Musiklehrer Herr K. wurde vom Autor dieser Arbeit, Herrn Tino Kulisch, befragt. Herr K. war zum genannten Zeitpunkt Lehrer im Unterrichtsfach Musik der Klasse 7, welche an den Untersuchungen zur musikalischen Begabung teilnahm. Pretest und Leitfadeninterview wurden im Musiklehrerzimmer von Herrn K. abgehalten. Für den Audiomitschnitt des

Interviews wurde das Aufnahmegerät H-2 der Firma Zoom in Kombination mit einem Stativ verwendet.

Zwischen Pretest und Leitfadeninterview wurde mit Herrn K. eine Pause von einer Woche vereinbart. Diese Zeit nutzte der Musiklehrer, um die besprochenen Felder auf die das Leitfadeninterview aufbaut, bei den Schülerinnen und Schülern zu beobachten. Er führte im Rahmen des Musikunterrichts eine Lied- und Gesangskontrolle durch. Diese war auch aufgrund der bevorstehenden Zeugnisse laut Lehrplan notwendig gewesen. Herr K. setzte sich zudem mit den bereits verteilten Noten der Schüler auseinander, um sich für das anstehende Interview einen detaillierteren Überblick zu verschaffen.

Die Transkription des kompletten Interviews ist im Anhang dieser Arbeit einsehbar. Zudem befindet sich dort eine Compact Disc mit der Tonaufzeichnung des Interviews, welches am 5. Februar 2014 im Musikraum des Gymnasiums aufgezeichnet wurde. Vereinzelt gesprochene Wörter oder kurze Wortphrasen wurden in der Transkription nicht mit übertragen, um einen unverständlichen Ausdruck und eine damit einhergehende Fehlinterpretation zu vermeiden. Vor der Befragung wurde sich zwischen Interviewer und Lehrer auf das Du geeinigt, um das Interview entspannter abhalten zu können.

Im ersten Teil des Interviews wurde vom Befragten eine Einschätzung seiner Schülerinnen und Schüler vorgenommen. Dabei handelt es sich präziser um zehn Schüler die sich im Vorfeld zwei musikalischen Begabungstests unterzogen haben. In der Einschätzung sollte der befragte Musiklehrer nun nach einem Skalenschema die Bewertung jedes einzelnen Schülers vornehmen.

Im zweiten Teil des Interviews wurde vom Befragten eine pädagogische Einschätzung seiner Schülerinnen und Schüler vorgenommen. Der Musiklehrer sollte wie im ersten Teil nach einem Skalenschema von 1 bis 10 die Bewertung jedes einzelnen Schülers vornehmen. Der Fokus lag zudem auf Merkmalen, welche dem Lehrer im Unterricht an seinen Schülerinnen und Schülern aufgefallen sind, die thematisch zum Leitfaden passen. Außerdem wurden Fragen zur pädagogischen und persönlichen Meinung sowie Fragen zur Lehrerpersönlichkeit gestellt.

8. Ergebnisse

In den folgenden Unterkapiteln finden sich sowohl die Auswertungsergebnisse der musikalischen Begabungstests nach Edwin E. Gordon und Arnold Bentley, als auch die Ergebnisse zu der qualitativen Befragung, die mit dem Musiklehrer Matthias K. vorgenommen wurde.

Bei der Auswertung der Begabungstests "Messung musikalischer Fähigkeiten – Arnold Bentley" und "Advanced Measures of Music Audiation – Edwin E. Gordon" wurde sich vom Autor dieser Arbeit explizit an die Auswertungsvorgaben der beiden Wissenschaftler gehalten. Die Verfahren sind im Kapitel des jeweiligen Begabungstests in dieser Arbeit nachzulesen. Ebenso ist das Auswertungsverfahren des Leitfadeninterviews im Kapitel Methodik nachzulesen.

8.1 Auswertung der Begabungstests "Messung musikalischer Fähigkeiten" nach Arnold Bentley und "Advanced Measures of Music Audiation" nach Edwin E. Gordon

Im Folgenden sind die Ergebnisse der Begabungstests "Messung musikalischer Fähigkeiten" und "Advanced Measures of Music Audiation", welche im Zuge der Untersuchungen dieser Arbeit gemacht wurden, aufgelistet. Alle ausgefüllten Formulare, eine vollständige Namensliste der Probanden, sowie die detaillierten Ergebnisse zu jedem einzelnen getesteten Schüler, auf denen die zusammengefassten Ergebnisse der Begabungstests beruhen, befinden sich im Anhang.

Die Ergebnisse sind wie folgt angeordnet:

- Ergebnisse und Auswertung: Bentley-Test

- Ergebnisse und Auswertung: Gordon-Test

Ergebnisse Bentley-Test der Probanden: Hierunter finden sich alle Testergebnissen zu den einzelnen vier Untertests, sowie die sich daraus berechnende Gesamtpunktzahl. Ebenfalls aufgelistet sind das durch die Bentley-Formel berechnete musikalische

Begabungsalter und die Einstufung nach der vorgegebenen Auswertungstabelle. Alle Formeln und Tabellen zum Bentley-Test können im Kapitel "Messung musikalischer Fähigkeiten nach Arnold Bentley" nachgelesen werden.

Ergebnisse Gordon-Test des Probanden: Hierunter finden sich die vom Proband erzielten Werte T1, T2, R1, R2 und die daraus resultierenden Tonal, Rhythm und Total Raw Scores. In einer weiteren Tabelle finden sich die aus den Raw Scores ermittelten Percentile Ranks, welche für die Ausprägung einer musikalischen Begabung stehen sollen. Die Berechnung der Raw Scores und Percentile Ranks wird mithilfe genormter Tabellen vorgenommen, welche im Kapitel "Musikalische Begabungsforschung nach Edwin E. Gordon" eingesehen und nachgelesen werden können.

8.2 Ergebnisse "Messung musikalischer Fähigkeiten" nach Arnold Bentley

Tabelle 2: Zusammenfassung der Ergebnisse der vier Untertests und der Gesamtpunktzahl die von den Schülern beim Bentley-Test erzielt wurden

	Tonhöhen unterscheidungs test	Melodie gedächtnis test	Akkord Analyse test	Rhythmus Gedächtnis test	Gesamt
Maximal erreichbare Punktzahl	**20**	**10**	**20**	**10**	**60**
Schüler (Probandennummer / Initialen)					
1 - M.B.	18	10	8	6	42
2 - D.A.N.	16	9	11	8	44
3 - A.L.	18	9	15	8	50
4 - M.W.	18	9	17	9	53
5 - E.S.	17	9	12	10	48
6 - M.H.	17	9	14	8	48
7 - J.K.	19	9	12	9	49
8 - C.N.	18	9	13	9	49
9 - M.M.	18	9	8	10	45
10 - K.I.	19	9	17	9	54
Durchschnitt	**17,8**	**9,1**	**12,7**	**8,6**	**48,2**

Betrachtet man in Tabelle 2 die Ergebnisse, die von den Schülerinnen und Schülern im Bentley-Test erzielt wurden, stellt man als erstes fest, dass in drei von vier Untertests die Werte nahe den maximal erreichbaren Punkten liegen. Dies wird besonders deutlich, wenn man die berechneten Durchschnittswerte von Tonhöhenunterscheidungstest, Melodiegedächtnistest und Rhythmusgedächtnistest mit der in diesen Tests erreichbaren Maximalpunktzahl vergleicht. Beim Melodiegedächtnistest liegt der Durchschnittswert sogar bei 9,1 von 10 möglichen Punkten, was für eine äußerst geringe Fehlerquote der Schüler in dieser Aufgabe spricht. Die Tests zur Tonhöhenunterscheidung und zum Rhythmusgedächtnis weisen ebenfalls in Anbetracht der Durchschnittswerte 17,8 von 20 möglichen Punkten (Tonhöhenunterscheidungstest) und 8,6 von 10 möglichen Punkten (Rhythmusgedächtnistest) eine geringe Fehlerquote auf.

Betrachtet man die erzielten Ergebnisse des Akkordanalysetest (siehe Abbildung 12), stellt man fest, dass die erreichten Werte der Schüler mehr auseinandergehen als bei den restlichen Untertests. Ebenso liegt der Gesamtdurchschnitt des Akkordanalysetest mit 12,7 von 20 möglichen Punkten deutlich unter der Maximalpunktzahl, was für eine höhere Fehlerquote in diesem Test spricht. Da es sich um den einzigen Untertest handelt, bei dem die von den Probanden erreichte Punktzahl stark variiert, muss die in diesem Test gemessene musikalische Fähigkeit in ihrer Ausprägung stärker schwanken. Jedoch scheint sie bei allen Schülern vorhanden zu sein, da die Mindestpunktzahl bei 8 liegt und diese auch nur bei zwei Probanden erreicht wurde. sechs der zehn Testpersonen befinden sich im oberen Mittelfeld und erzielten zwischen 11 und 15 Punkten. Zwei Schülerinnen erreichten 17 Punkte und weisen damit eine sehr hohe Ausprägung dieser Fähigkeit auf. Zwar lässt sich der Faktor des Ratens bei keinem ausschließen, es ist aber höchst unwahrscheinlich, dass dies kontinuierlich vom Probanden vorgenommen wurde. Im Kapitel "Messung musikalischer Fähigkeiten nach Arnold Bentley" dieser Arbeit findet sich die Feststellung, dass Bentley die Befähigung, Akkorde in ihren Einzeltönen zählen zu können, zwar als wünschenswert, jedoch nicht als eine Grundvoraussetzung einer musikalischen Begabung erachtet. Aufgrund dieser Aussage und den restlichen Ergebnissen neben der Akkordanalyse kann man also davon ausgehen, dass in Bezug auf die erreichte Gesamtpunktzahl bei allen Probanden eine hohe bis sehr hohe musikalische Befähigung vorliegt.

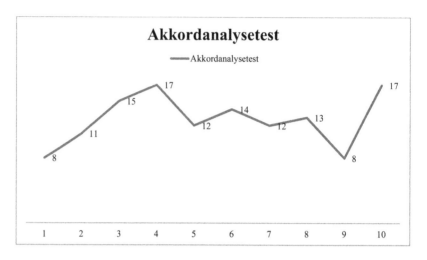

Abb. 12: Erzielte Punkte der beim Akkordanalysetest

Dies wird auch in der Betrachtung der Gesamtwerte hinsichtlich der erreichten Mindest- und Maximalgesamtpunktzahl ersichtlich (siehe Abbildung 13). Diese liegen mit 42 als geringster erreichter Wert und 54 als höchster erreichter Wert deutlich über der Hälfte, dem Wert 30, und nahe der maximal erreichbaren Gesamtpunktzahl, dem Wert 60.

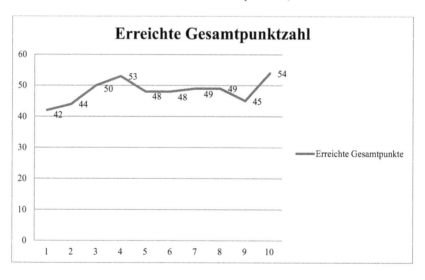

Abb. 13: Erreichte Gesamtpunktzahl der Probanden im Bentley-Test

In der folgenden Tabelle 3 finden sich die zusammengefassten Ergebnisse der Einstufung nach Bentleys Auswertungstabelle, die sich aus den erreichten Gesamtwerten ableiten lassen, sowie das musikalische Begabungsalter, welches sich aus der Gesamtpunktzahl berechnet. Zur Vollständigkeit und zum besseren Verständnis der Ergebnisse wurde das tatsächliche Alter der Probanden mit angegeben. Beim Betrachten der Tabelle 3 fällt auf, dass das musikalische Begabungsalter bei keinem Probanden gleich oder unter dem tatsächlichen Alter liegt. Laut Bentley spricht folglich ein höheres musikalisches Begabungsalter für eine stärkere Ausprägung einer musikalischen Begabung. Im Kapitel "musikalisches Begabungsalter" dieser Arbeit lässt sich dazu nachlesen, dass seine Schlussfolgerung anhand einer Studie von 2000 Probanden entstanden ist.

Tabelle 3: Zusammenfassung des Alters, des musikalischen Begabungsalters und der Einstufung nach Bentleys Auswertungstabelle

Schüler	Tatsächliches Alter	Musikalisches Begabungsalter[61]	Einstufung nach Auswertungstabelle (Stufe A-E)
1 - M.B.	13	14	C
2 - D.A.N.	13	15	B
3 - A.L.	12	17	A
4 - M.W.	13	18	A
5 - E.S.	12	16	A
6 - M.H.	12	16	A
7 - J.K.	12	16	A
8 - C.N.	12	16	A
9 - M.M.	13	15	B
10 - K.I.	13	18	A
Durchschnitt	**12,5**	**16,1**	**A**

Beim Vergleich des errechneten tatsächlichen Durchschnittsalters und dem musikalischen Begabungsalter stellt man sogar einen besonders hohen Unterschied fest, da das Begabungsalter um 3,6 Jahre über dem Durchschnittsalter der Probanden liegt. Ebenfalls

---

[61] Das musikalische Begabungsalter nach Bentley berechnet sich anhand der erreichten Gesamtpunktzahl dividiert durch 3.

auffallend ist die von sieben Probanden erreichte Maximalstufe laut Bentleys Auswertungstabelle. Dies bestätigt die vorherigen Aussagen der Ergebnisse des Bentley-Tests. Lediglich ein Proband liegt mit der Stufe C im Durchschnitt. Bentley beschreibt diese Stufe als Mittelwert, mit 40% der Punktzahlen um den Mittelwert.[62] Ausgerechnet würde das bei einer Gesamtpunktzahl von 60, einen Mittelwert von 30 und damit jeweils 12 Punkte nach oben und unten bedeuten. Da der Proband mit der Stufe C eine Gesamtpunktzahl von 42 Punkten hat, kann man daraus schlussfolgern, dass er dem oberen Mittelfeld zugeordnet werden kann und damit die musikalische Begabung auch leicht überdurchschnittlich ist.

Zusammengefasst kann man aus den Ergebnissen des Bentley-Tests "Messung musikalischer Fähigkeiten" entnehmen, dass alle getesteten Probanden eine hohe musikalische Begabung besitzen. Die Ausprägung fällt dabei besonders in den Fokus weil diese bei 9 von 10 Probanden stark ausgeprägt ist. Eine Probandin erreichte mit einer Gesamtpunktzahl von 54 sogar einen Wert, der laut Bentley unter die Bewertung außergewöhnlich hohe Begabung fällt. Lediglich ein Proband konnte nach der Auswertung im Bereich des durchschnittlichen Talents und damit ohne große Aussagekraft über dessen Befähigung zugeordnet werden. Die festgestellten Unterschiede der musikalischen Ausprägung bei jedem Probanden sind allesamt nur auf den Untertest "Akkordanalyse" zurückzuführen. In allen anderen drei Untertests lagen die Probanden mit ähnlich hoch erzielten Werten nah beieinander.

8.3 Ergebnisse "Advanced Measures of Music Audiation" nach Edwin E. Gordon

Die ersten Ergebnisse, die man in der Auswertung des Gordon-Tests erhält, sind vier verschiedene Werte pro Antwortformular. Diese Werte, genannt T1, T2, R1, R2 stehen für die richtig und falsch gegebenen Antworten der Probanden. Ermittelt werden die Werte mittels Antwortschablone.[63] Betrachtet man jedoch bereits die erhaltenen Werte in der folgenden Tabelle 4, erhält man erste relevante Aussagen. So liegen die erzielten Durchschnittswerte von den richtig gegebenen Antworten deutlich unter der maximal erreichbaren Punktzahl. Auffallend ist auch, dass kaum Antworten falsch waren, welche sich

---

[62] vgl. Bentley 1973, S. 68
[63] Nähere Information zur Auswertung finden sich im Kapitel "Musikalische Begabungsforschung nach Edwin E. Gordon". Eine Kopie der Antwortschablone ist im Kapitel Anhang einzusehen.

auf den Rhythmus bezogen. Dafür liegen die Werte für falsch gegebene Antworten deutlich höher. Bei einem Probanden lagen die Falschantworten bei Tonal sogar wesentlich höher als die richtig gegebenen Antworten. Zusammengefasst kann man für die erzielten Werte der Probanden die Aussage treffen, dass alle Testpersonen mehr Probleme mit der Feststellung von Tonal als von Rhythm bei den 30 Aufgaben des Gordon-Testes hatten.

Tabelle 4: Zusammenfassung aller richtig- und falschgegebenen Antworten der Probanden

	T1 Richtig gegebene Antworten (Tonal)	T2 Falsch gegebene Antworten (Tonal)	R1 Richtig gegebene Antworten (Rhythm)	R2 Falsch gegebene Antworten (Rhythm)
Maximal erreichbare Punktzahl	20	20	20	20
Schüler (Probandennummer / Initialen)				
1 - M.B.	4	9	7	2
2 - D.A.N.	7	10	8	5
3 - A.L.	6	6	11	5
4 - M.W.	11	5	12	1
5 - E.S.	10	6	12	2
6 - M.H.	11	4	13	1
7 - J.K.	10	7	9	3
8 - C.N.	11	5	10	0
9 - M.M.	8	6	11	2
10 - K.I.	11	7	12	2
Durchschnitt	8,9	6,5	10,5	2,3

Die in Tabelle 4 gewonnenen Daten werden über die von Gordon vorgegebene Formel[64] in Raw Scores umgewandelt. Tabelle 5 zeigt alle aus Tabelle 4 umgewandelten Werte in den verschiedenen Raw Scores. Diese könnten schon als aussagekräftige Werte hinsichtlich einer musikalischen Begabung verstanden werden, bedürfen aber trotzdem noch der weiteren

---

[64] Siehe Kapitel "Musikalische Begabungsforschung nach Edwin E. Gordon"

Umwandlung in Percentile Ranks mittels Normtabelle. Der Autor dieser Arbeit verwendete dazu die Rankingtabelle von Siebt- und Achtklässlern, da es sich bei den getesteten Probanden um Siebtklässler handelte. Beim Betrachten der Durchschnittswerte von der Tonal und Rhythm Raw Score, stellt man fest, dass die Probanden deutlich weniger Probleme beim Erkennen der rhythmischen Komponenten der Aufgaben hatten. Der Durchschnitt der Rhythm Raw Score liegt mit 28,2 von 37 maximal erreichbaren Punkten im oberen Bereich, der Durchschnitt der Tonal Raw Score dagegen mit 22,4 von 36 maximal erreichbaren Punkten im Mittelfeld.

Tabelle 5: Zusammenfassung aller erreichter Raw Scores der Probanden im Gordon-Test

	Tonal Raw Score	Rhythm Raw Score	Total Raw Score
Maximal erreichbare Punktzahl	36	37	70
Schüler (Probandennummer / Initialen)			
1 - M.B.	15	25	40
2 - D.A.N.	17	23	40
3 - A.L.	20	26	46
4 - M.W.	26	31	57
5 - E.S.	24	30	54
6 - M.H.	27	32	59
7 - J.K.	23	26	49
8 - C.N.	26	30	56
9 - M.M.	22	29	51
10 - K.I.	24	30	54
Durchschnitt	22,4	28,2	50,6

Tabelle 6: Zusammenfassung der erreichten Percentile Ranks der Probanden

	Tonal Percentile Rank	Rhythm Percentile Rank	Total Percentile Rank
Maximal erreichbare Punktzahl	99	99	99
Schüler (Probandennummer / Initialen)			
1 - M.B.	10	50	19
2 - D.A.N.	20	35	19
3 - A.L.	35	60	45
4 - M.W.	80	92	86
5 - E.S.	60	89	80
6 - M.H.	85	94	88
7 - J.K.	50	85	60
8 - C.N.	80	89	85
9 - M.M.	45	85	69
10 - K.I.	60	89	80
Durchschnitt	**52,5**	**76,8**	**63,1**

Die Total Raw Score befindet sich mit 50,6 von 70 erreichbaren Punkten im oberen Mittelfeld, was letztendlich auf die erreichten Werte der Rhythm Raw Score zurückzuführen ist. Aus allen drei erhaltenen Raw Scores lassen sich für jeden einzelnen Probanden Percentile Ranks über die Normtabelle ermitteln. Diese Werte stehen laut Gordon für die Ausprägung einer musikalischen Begabung. In Tabelle 6 sind von allen getesteten Probanden die Tonal, Rhythm und Totalen Percentile Ranks eingetragen. Zur Einschätzung dieser Werte stellte der Autor in dieser Arbeit bereits sieben Schlussfolgerungen zu den Percentile Ranks vor. Für die Ergebnisse der vom Autor durchgeführten Untersuchung wird die dritte Schlussfolgerung[65] von Gordon verwendet um eine Aussage über die musikalische Begabung zu treffen.

Der Tonal Percentile Rank variiert innerhalb der getesteten Probanden sehr stark. So liegt bei einem Probanden der Wert bei 10 (geringe musikalische Leistung), bei einem anderen Probanden der Wert bei 85 (hohe musikalische Leistung. An diesen beiden Werten lässt sich

---

[65] Dritte Schlussfolgerung steht für den objektiven Indikator zur Beurteilung tatsächlicher musikalischer Leistungen, deren Percentile-Werte wie folgt zugeordnet werden können: =/> 80% hohe musikalische Leistung; 21% - 79% durchschnittliche musikalische Leistung; =/<20% geringe musikalische Leistung.

veranschaulichen, wie weit die musikalischen Befähigung hinsichtlich Melodie und Tonverständnis auseinandergeht. Die erreichten Rhythm Percentile Ranks liegen dagegen mit 76,8 von 99 Punkten über den Durchschnittswerten. Insgesamt haben die Probanden im Gordon-Test die rhythmischen Komponenten in den Aufgaben besser bestimmen können. Ein Proband erreichte mit einem Percentile Rank von 94 sogar einen Wert, der für eine außergewöhnliche Begabung spricht. Die musikalische Begabung im Gesamten ist jedoch nur über den Total Percentile Rank zu messen.

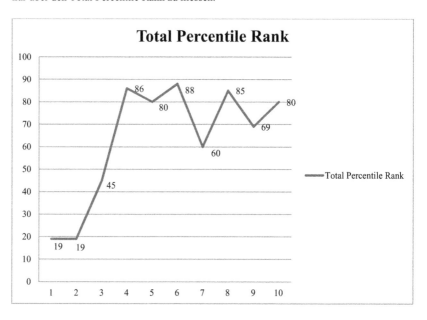

Abb. 14: Zusammenfassung der Total Percentile Ranks aller 10 Probanden

In Abbildung 14 ist zu sehen, dass fünf Probanden einen Percentile Rank von 80 oder höher erzielt haben und damit eine hohe musikalische Begabung aufweisen. Auffallend ist aber ebenso, dass zwei Probanden mit einem Wert von 19 eine geringe musikalische Leistung und damit Begabung aufzeigen. Die restlichen drei Probanden befinden sich alle im durchschnittlichen Bereich der musikalischen Leistung.

Zusammengefasst kann man aus den Ergebnissen des Gordon Tests "Advanced Measures of Music Audiation" herleiten, dass die Hälfte aller getesteten Probanden eine hohe musikalische Begabung besitzt. Von den fünf Probanden mit hoher musikalischer Begabung besitzt eine Probandin mit einem Percentile Rank von 88 eine außergewöhnlich hohe Begabung.

8.4 Ergebnisse des Leitfadeninterviews

Im folgenden Kapitel finden sich die Ergebnisse des Leitfadeninterviews, welche der Transkription der Befragung entnommen wurden. Für ein besseres Verständnis der Ergebnisse wurden ebenfalls relevante Aussagen des befragten Lehrers zum Schüler notiert, falls diese im Zuge der Beurteilung vom Befragten genannt wurden. In den Tabellen 7 bis 16 finden sich die Einschätzungen des Lehrers nach einer Skalenbewertung von 1 (sehr schlecht) bis 10 (sehr gut).

Tabelle 7: Schüler 1

Schüler	1 - M.B.
Musikalische Befähigungen	
Intonation	8
Musikalisches Gedächtnis	9
Musikalisches Gehör	8
Rhythmisches Gefühl	10
Pädagogische Faktoren	
Wie gut kennen Sie den Schüler?	4
Aufmerksamkeit des Schülers	9
Generelle Leistung im Unterricht	8

Relevante Aussagen des Lehrers im Zusammenhang mit der Beurteilung des Schülers M. B.:

„...da sich die Schüler im Stimmbruch befinden, können sich bei der Intonation ... Abweichungen ergeben ... das würde ich bei allen Schülern in diesem Alter berücksichtigen wollen."

„...Auch wenn die Modulation noch nicht eingesetzt hat, kann es sein, dass sich verschiedene Widersprüche zwischen Hören und Ausdruck ergeben."

Tabelle 8: Schüler 2

Schüler	2 - D.A.N.
Musikalische Befähigungen	
Intonation	7
Musikalisches Gedächtnis	7
Musikalisches Gehör	8
Rhythmisches Gefühl	9
Pädagogische Faktoren	
Wie gut kennen Sie den Schüler?	4
Aufmerksamkeit des Schülers	8
Generelle Leistung im Unterricht	7

Relevante Aussagen des Lehrers im Zusammenhang mit der Beurteilung des Schülers D.A.N.:

„...das direkte Umsetzen von Melodien ist eher schwieriger bei ihm gewesen, obwohl er Gitarre spielt und das auch gern macht."

„...es fehlt ihm einfach die stimmliche Reife."

„...musikalisches Gedächtnis ist bei ihm auch eher unsicher... was das Gehör betrifft, also Selbstkorrektur in dem gleichen Bereich."

Tabelle 9: Schüler 3

Schülerin	3 - A.L.
Musikalische Befähigungen	
Intonation	10
Musikalisches Gedächtnis	Erst keine Bewertung, später 8
Musikalisches Gehör	9
Rhythmisches Gefühl	10
Pädagogische Faktoren	
Wie gut kennen Sie den Schüler?	4
Aufmerksamkeit des Schülers	10
Generelle Leistung im Unterricht	10

Keine relevanten Aussagen des Lehrers im Zusammenhang mit der Beurteilung der Schülerin A.L..

Tabelle 10: Schüler 4

Schülerin	4 - M.W.
Musikalische Befähigungen	
Intonation	10
Musikalisches Gedächtnis	Erst keine Bewertung, später 8
Musikalisches Gehör	9
Rhythmisches Gefühl	10
Pädagogische Faktoren	
Wie gut kennen Sie den Schüler?	4
Aufmerksamkeit des Schülers	9
Generelle Leistung im Unterricht	9

Keine relevanten Aussagen des Lehrers im Zusammenhang mit der Beurteilung der Schülerin M.W..

Tabelle 11: Schüler 5

Schülerin	5 - E.S.
Musikalische Befähigungen	
Intonation	9
Musikalisches Gedächtnis	Erst keine Bewertung, später 8
Musikalisches Gehör	9
Rhythmisches Gefühl	9
Pädagogische Faktoren	
Wie gut kennen Sie den Schüler?	4
Aufmerksamkeit des Schülers	10
Generelle Leistung im Unterricht	9

Keine relevanten Aussagen des Lehrers im Zusammenhang mit der Beurteilung der Schülerin E.S..

Tabelle 12: Schüler 6

Schülerin	6. - M.H.
Musikalische Befähigungen	
Intonation	10
Musikalisches Gedächtnis	Erst keine Bewertung, später 8
Musikalisches Gehör	10
Rhythmisches Gefühl	10
Pädagogische Faktoren	
Wie gut kennen Sie den Schüler?	4
Aufmerksamkeit des Schülers	9
Generelle Leistung im Unterricht	9

Keine relevanten Aussagen des Lehrers im Zusammenhang mit der Beurteilung der Schülerin M.H..

Tabelle 13: Schüler 7

Schülerin	7 - J.K.
Musikalische Befähigungen	
Intonation	10
Musikalisches Gedächtnis	Erst keine Bewertung, später 8
Musikalisches Gehör	10
Rhythmisches Gefühl	10
Pädagogische Faktoren	
Wie gut kennen Sie den Schüler?	4
Aufmerksamkeit des Schülers	10
Generelle Leistung im Unterricht	10

Relevante Aussagen des Lehrers im Zusammenhang mit der Beurteilung der Schülerin J.K.:

„Bei ihr würde ich alles bei 10 ansiedeln."

Tabelle 14: Schüler 8

Schülerin	8 - C.N.
Musikalische Befähigungen	
Intonation	10
Musikalisches Gedächtnis	Erst keine Bewertung, später 8
Musikalisches Gehör	10
Rhythmisches Gefühl	10
Pädagogische Faktoren	
Wie gut kennen Sie den Schüler?	4
Aufmerksamkeit des Schülers	10
Generelle Leistung im Unterricht	10

Relevante Aussagen des Lehrers im Zusammenhang mit der Beurteilung der Schülerin C. N.:

„ ...durchweg 10. "

„Wenn man es begründen müsste, dann, dass sie selbstständig rhythmisch komplizierte Phrasen erarbeiten kann. Ob in der Gruppe oder Einzeln. Das hat sie einfach drauf. Sie spielt Violine und singt auch gern. Das merkt man. "

Tabelle 15: Schüler 9

Schülerin	9 - M.M.
Musikalische Befähigungen	
Intonation	10
Musikalisches Gedächtnis	Erst keine Bewertung, später 8
Musikalisches Gehör	10
Rhythmisches Gefühl	10
Pädagogische Faktoren	
Wie gut kennen Sie den Schüler?	4
Aufmerksamkeit des Schülers	9
Generelle Leistung im Unterricht	9

Keine relevanten Aussagen des Lehrers im Zusammenhang mit der Beurteilung der Schülerin M. M..

Tabelle 16: Schüler 10

Schülerin	10 - K.I.
Musikalische Befähigungen	
Intonation	10
Musikalisches Gedächtnis	10
Musikalisches Gehör	10
Rhythmisches Gefühl	10
Pädagogische Faktoren	
Wie gut kennen Sie den Schüler?	4
Aufmerksamkeit des Schülers	9
Generelle Leistung im Unterricht	9

Relevante Aussagen des Lehrers im Zusammenhang mit der Beurteilung der Schülerin K. I.:

„ ...Sie hat bereits Jugend-Musiziert-Wettbewerbe gewonnen und das erste, was sie mir vorgespielt hatte, war die Polonaise von Chopin... "

Nach den Einschätzungen der Schüler wurden dem Lehrer Fragen in Bezug auf musikalische Begabung und seiner Persönlichkeit gestellt um seinen Expertenstatus für das Interview zu untermauern.[66]

Begründung des Lehrers zur hohen Punktevergabe und der daraus resultierenden guten bis sehr guten Bewertung:

„ ...man kann nur das beurteilen, was zutage kommt. "

„Ich bewerte als Musiklehrer generell etwas höher. "

---

[66] Zur Verdeutlichung des inhaltlichen Kontexts werden vereinzelt zusätzliche Anmerkungen des Autors ergänzt. Diese sind mit einem * im Text gekennzeichnet.

Erläuterung des Lehrers warum männliche Schüler etwas schlechter in der Bewertung stehen als Schülerinnen:

„ ...Jungs in dem Alter haben deutlich höhere Hemmschwellen.“

Einschätzung des Lehrers zum Thema Talentausprägung der Schüler und Talent im Allgemeinen:

„Ich glaube, dass Talent ganz viel mit intrinsischer Motivation zu tun hat. Also wie kann ein Mensch sich selbst motivieren und wie kann er intrinsisch von außen motiviert werden. Wenn die intrinsische Motivation relativ hoch ist, weil er [der Schüler, oder die Schülerin]* *viel Input braucht ... wäre es ein Kurzschluss* [falscher Gedankengang]* *wenn man sagt, er habe wenig Talent.“*

Wie gut kennt der Lehrer den Schüler, die Schülerin?

„Auf einer Skala von 1 bis 10 würde ich das ganze bei 4 ansiedeln. Begründung ist, dass ich die Klasse im Oktober für eine Krankheitsvertretung übernommen habe. Ich habe die Klasse seitdem sechs Mal im Unterricht gehabt. Insofern kann ich auch nicht von kennen sprechen, sondern von Eindrücken sammeln.“

Die Eindrücke würden reichen, um eine Beurteilung und eine Bewertung klar definieren zu können?

„Ja, also da kann man im Grunde an der Arbeitsweise in der konkreten Unterrichtssituation Schlüsse ziehen, wobei ich sagen möchte, dass das stichprobenartige Schlüsse sind. Ich kann diese nicht bestätigen in einem zeitlich längeren Verlauf. Das ist wirklich wichtig zu sagen, dass man hier ein einer Stichprobe ... die Schüler beurteilt.“

8.5 Diskussion der Ergebnisse des Leitfadeninterviews

Zusammenfassend wird festgestellt, dass eine hohe Bewertung vom Lehrer zu den abgefragten musikalischen und pädagogischen Kriterien vorgenommen wurde. Die vom Interviewer vorgegebene Skalenbewertung von 1 bis 10 wurde vom Lehrer nicht ausgenutzt. In Tabelle 11 ist zu erkennen, dass alle musikalischen Befähigungen der Schüler sowie die pädagogischen Faktoren nicht unterhalb des Wertes 7 vom Lehrer bewertet wurden und insgesamt ein sehr hoher Durchschnitt aller musikalischen Befähigungen vorliegt.

Für den Unterricht einer Klasse wie etwa bei der Testgruppe, stellte der Lehrer im Interview klar, dass nur das vom Lehrer beurteilt und bewertet werden kann, was er selbst wahrnimmt oder der Schüler im Unterricht offenlegt. Diese Aussage stand auch in Verbindung mit den Aufgaben und Tests, welche der Lehrer im Vorfeld im Musikunterricht abgehalten hat und wonach er die Schüler im Leitfadeninterview bewertet hat. Die Kenntnisse des Lehrers über die Schüler, wurden vom ihm mit dem Wert 4 und somit mit einem geringen Wert bewertet. Dieser Wert wurde vom befragten Lehrer dahingehend begründet, dass er selbst die Klasse erst sechs Mal unterrichtet hat, weil er diese als Krankheitsvertretung im Oktober 2013 übernommen habe.

Tabelle 17: Zusammenfassung aller tabellarischen Bewertungen des Leitfadeninterviews

Schüler/in	1	2	3	4	5	6	7	8	9	10	Durch-schnitt
Intonation	8	7	10	10	9	10	10	10	10	10	9,4
Musikalisches Gedächtnis	9	7	8	8	8	8	8	8	8	10	8,2
Musikalisches Gehör	8	8	9	9	9	10	10	10	10	10	9,3
Rhythmisches Gefühl	10	9	10	10	9	10	10	10	10	10	9,8
Kenntnisse über Schüler	4	4	4	4	4	4	4	4	4	4	4
Aufmerksamkeit des Schülers	9	8	10	9	10	9	10	10	9	9	9,3
Leistung im Unterricht	8	7	10	9	9	9	10	10	9	9	9

Er spricht deshalb selber auch nicht von Kennen sondern von Eindrücken sammeln, räumt aber gleichzeitig ein, dass diese Eindrücke bereits reichen, um eine gezielte Bewertung vornehmen zu können, auch wenn es sich dabei nur um Stichproben handelt. Dies kann sowohl dadurch begründet werden, dass durch einen vorangegangenen Pretest zum Interview bereits die Kriterien, welche der Interviewer abfragt, besprochen wurden, als auch, dass der Befragte die Bewertung nach der Sichtweise eines Lehrers beurteilt, der seine Schüler nur aus dem Unterricht kennt. Insofern ist eine hohe Bewertung seitens des Lehrers auch nicht verwerflich, da er Aufgaben aus dem schulischen Musikunterricht als Leistungsmaßstab verwendet und die zehn Testpersonen einen guten Leistungsschnitt in seinem Fach vorweisen.

Der Lehrer überzeugte im Interview weiterhin durch wenige Mutmaßungen und versuchte stattdessen, sachgerechte Begründungen und Verknüpfungen herzustellen. Auffallend ist jedoch, dass trotz Nachfragen des Interviewers wenig individuelle Züge der einzelnen Schüler im Zusammenhang mit der Skalenbewertung genannt wurden, was aufgrund der wenigen Unterrichtsstunden zwar verständlich ist, jedoch vom Interviewer anders beabsichtigt wurde. Hinzu kommt die nicht auswertbare Befähigung "Musikalisches Gedächtnis" (siehe Tabelle 17), die im Laufe des Interviews für acht Schüler erst nicht beantwortet und später mit einem Mindestwert korrigiert wurde. Die persönliche Meinung des Lehrers stellt dagegen einen Mehrwert für diese Arbeit dar, da sie auf einen großen Erfahrungswert des Lehrers zurückzuführen ist und als subjektive Wahrnehmung in die Interpretation von Talent und Musikbegabung mit hinzugezogen werden kann.

8.6 Vergleich der Ergebnisse der musikalischen Begabungstests und des Leitfadeninterviews (Experteninterview)

Im Zuge der in dieser Arbeit gestellten These werden in diesem Kapitel die erzielten Ergebnisse des Tests "Messung musikalischer Fähigkeiten" nach Arnold Bentley und "Advanced Measures of Music Audiation" nach Edwin Gordon miteinander verglichen. Für eine kritische Betrachtungsweise werden zum Abgleich die Ergebnisse des Experteninterviews mit dem Musiklehrer der Schülerinnen und Schüler, die sich an den musikalischen Begabungstests beteiligten, mit einbezogen.

Fast alle gewonnen Ergebnisse aus den musikalischen Begabungstests nach Bentley und Gordon weisen bei allen Probanden auf eine musikalische Begabung hin. Betrachtet man dazu die Ergebnisse, die in dem Experteninterview ermittelt wurden, stellt man ebenso fest, dass alle Schülerinnen und Schüler eine musikalische Begabung besitzen. Lediglich der Grad der Ausprägung scheint auf den ersten Blick eine Rolle zu spielen. Um die unterschiedlichen Gesamtwerte besser vergleichen zu können, werden die Ergebnisse in Bezug auf die jeweilig erreichbare Maximalpunktzahl in einen prozentualen Wert umgewandelt[67]. In den folgenden Tabellen 18, 19 und 20 sind alle bereits erhaltenen Ergebnisse inklusive der umgewandelten prozentualen Werte beider musikalischen Begabungstests und des Leitfadeninterviews nachzulesen.

Tabelle 18: Zusammenfassung der Ergebnisse "Messung musikalischer Fähigkeiten"

Zusammenfassung der Ergebnisse des Bentley-Tests			
Bewertete Bereiche	Errechneter Durchschnittswert	Maximal erreichbare Punktzahl	Prozentualer Wert der Gesamtpunktzahl
Tonhöhenunterscheidungstest	17,8	20	89%
Melodiegedächtnistest	9,1	10	91%
Akkordanalysetest	12,7	20	64%
Rhythmusgedächtnistest	8,6	10	86%
Gesamtpunktzahl	48,2	60	80%

---

[67] Prozentualer Wert = "Errechneter Durchschnittswert" * 100 / "maximal erreichbare Punktzahl"

Tabelle 19: Zusammenfassung der Ergebnisse "Advanced Measures of Music Audiation"

Zusammenfassung der Ergebnisse des Gordon-Tests			
Bewertete Bereiche	Errechneter Durchschnittswert	Maximal erreichbare Punktzahl	Prozentualer Wert der Gesamtpunktzahl
Tonal Percentile Rank	52,5	99	53%
Rhythm Percentile Rank	76,8	99	78%
Total Percentile Rank	63,1	99	64%

Tabelle 20: Zusammenfassung der Ergebnisse des Leitfadeninterviews

Zusammenfassung der Ergebnisse des Leitfadeninterviews			
Bewertete Bereiche	Errechneter Durchschnittswert	Maximal erreichbare Punktzahl	Prozentualer Wert des Gesamtdurchschnittes
Intonation	9,4	10	94%
Musikalisches Gedächtnis	8,2	10	82%
Musikalisches Gehör	9,3	10	93%
Rhythmisches Gefühl	9,8	10	98%
Gesamtdurchschnitt	9,2	10	92%

Vergleicht man die prozentualen Gesamtwerte der erhaltenen Ergebnisse des Tests von Bentley mit denen von Gordon, stellt man als erstes fest, dass die erreichten Werte beim Bentley-Test deutlich über den Werten von Gordon liegen. Betrachtet man im Vergleich alle tonalen Werte miteinander, erreichten die Probanden beim Gordon-Test im Durchschnitt einen Wert von 53%, bei Bentley dagegen mindestens 64% im Akkordanalysetest. Im Melodiegedächtnis- und Tonhöhenunterscheidungstest erreichten die Schüler sogar noch höhere Werte nahe der Maximalgrenze von 100%. Für eine bessere Verdeutlichung dieser hohen Unterschiede zwischen beiden Tests, werden in der folgenden Abbildung 5 die drei Untertests von Bentley im Gesamtdurchschnitt im Vergleich zusammengefasst und diese der gesamtdurchschnittlichen Tonal Percentile aus dem Gordon Test gegenübergestellt.

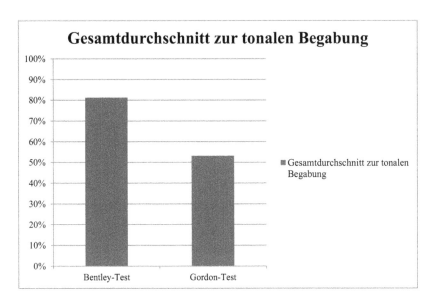

Abb. 15: Vergleich des Gesamtdurchschnitts der Tonalen Begabung Bentley Test - Gordon Test

Obwohl beide Tests in ihren Durchschnittswerten über der 50% Marke liegen, finden sich die erhaltenen Ergebnisse im Gordon-Test ebenfalls im durchschnittlichen Bereich wieder. Daher gilt für den Gordon-Test in Bezug auf die tonale Begabung auch die Behauptung, dass bei der Testgruppe eine durchschnittliche Begabung vorhanden ist, wohingegen man bei den erzielten Ergebnissen im Bentley Test mit über 80% von einer hohen Begabung hinsichtlich der Tonalität sprechen kann.

Tabelle 21: Zusammenfassung der Gesamtwerte aller drei Untersuchungen

Zusammenfassung der Gesamtwerte aller drei Untersuchungen in %			
	Leitfadeninterview	Bentley-Test	Gordon-Test
Gesamtwert in %	92%	80%	64%
Rhythmische Begabung in %	98%	86%	78%
Tonale Begabung %	90%	81%	53%

Tabelle 21 zeigt in einem zusätzlichen Vergleich mit den erhaltenen Ergebnissen aus dem Leitfadeninterview, dass alle Probanden eine überdurchschnittliche musikalische Begabung vorweisen. Dies wird auch aus den bereits im Vorfeld diskutierten Ergebnissen des Leitfadeninterviews ersichtlich, in denen der befragte Musiklehrer allen Schülern, die an den musikalischen Begabungstests teilnahmen, eine hohe bis sehr hohe musikalische Begabung nachsagte. Die daraus resultierenden Durchschnittswerte von 92%, 98% und 90% unterstreichen diese Aussage erneut.

Vergleicht man die resultierenden Gesamtwerte aller drei Untersuchungen miteinander, fällt auf, dass die Ergebnisse von Leitfadeninterview und Bentley-Test nicht sehr weit auseinanderliegen. Im Zuge dessen ist es noch einmal zu erwähnen, dass der befragte Musiklehrer im Experteninterview in einer Antwort davon sprach, dass er generell die Leistungen in der Befragung etwas höher bewertet. In diesem Kontext könnte man mutmaßen, dass eventuell sogar ähnlich gleiche Werte zwischen Interview und Bentley-Test hätten erzielt werden können. Es lässt sich aber auch ohne diese Mutmaßung schlussfolgern, dass das Leitfadeninterview die Ergebnisse des Bentley-Tests untermauert. Im Vergleich zu den Ergebnissen des Gordon-Tests gehen die Werte weiter auseinander, auch wenn diese immer noch für eine musikalische Begabung sprechen. Lediglich die rhythmische Komponente kann an die zwei anderen Ergebnisse anknüpfen.

9. Zusammenfassung

Zu Beginn dieser Arbeit wurde vom Autor die These gestellt, dass beide musikalischen Begabungstests die gleiche Ausprägung einer musikalischen Begabung messen können. Diese Behauptung kann nicht bestätigt werden, da in den erhaltenen Ergebnissen die Aussagen zum Teil stark auseinandergehen. In ihrer Feststellung einer musikalischen Befähigung bezogen sich beide Tests jedoch ausschließlich auf tonale und rhythmische Elemente, sodass nahezu identische Werte über die musikalische Begabung hätten ermittelt werden müssen. Abbildung 16 zeigt noch einmal deutlich, wie stark die ermittelten Begabungen der zehn Probanden im Durchschnitt auseinander gehen.

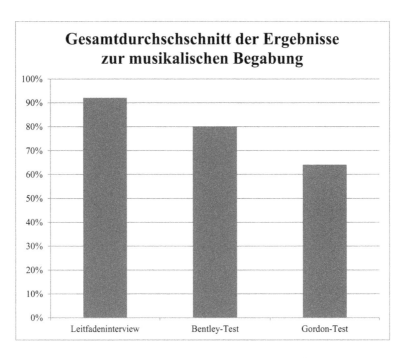

Abb. 16: Gesamtdurchschnitt zur musikalischen Begabung aller drei Untersuchungen

Allerdings konnten sowohl der Test von Arnold Bentley als auch der Test von Edwin E. Gordon bei allen getesteten Schülern eine musikalische Befähigung und schlussfolgernd eine Begabung feststellen. Die Feststellung konnte durch das Leitfadeninterview bei allen Probanden ebenfalls bestätigt werden. Ebenso konnte in der Befragung geklärt werden, wie hoch der Musiklehrer die Ausprägung der musikalischen Begabung der Schülerinnen und Schüler einschätzt. Die Messungen, die mit den entwickelten Tests von Bentley durchgeführt werden konnten, erzielten im Vergleich sogar ähnlich hohe Ergebnisse wie die vom Lehrer genannten Werte, auch wenn dieser von sich behauptete, dass er generell die Leistungen immer etwas höher bewertet.

Als mögliches Fazit aus dieser Beobachtung kann man schlussfolgern, dass beide musikalischen Begabungstests geeignet sind, Begabungen festzustellen, sie jedoch in ihren festgestellten Werten so weit auseinanderliegen, dass nicht genau festgehalten werden kann, wie ausgeprägt eine Begabung wirklich ist. Dazu bedarf es immer einer Persönlichkeit, die der Person musikalisch zur Seite stehen kann, um eine detaillierte Einschätzung zur Befähigung vornehmen zu können.

9.1 Ausblick

Der Gordon-Test wirbt mit einer Messung der musikalischen Begabung auf dem Prinzip der Audiation. Bei den erhaltenen Ergebnissen schlichen sich zum Teil jedoch einige Widersprüche ein. So hatte ein Proband trotz hohem Rhythm Percentile Rank einen schlechten Total Percentile Rank, der sogar im Bereich "geringe musikalische Begabung" lag. Diese Werte konnten von den anderen beiden Tests nicht bestätigt werden, wohingegen diese aber den Rhythmuswert bestätigen konnten. Da Audiation jedoch nicht zwischen Rhythmus und Tonalität trennt, sondern als Prozess zu sehen ist, dürfte dieser Widerspruch faktisch gar nicht entstehen. Auch wenn es sich hierbei nicht um einen repräsentativen Widerspruch handelt, machen derartige offene Fragen den Test "Advanced Measures of Music Audiation" nicht zwingend attraktiv. Als Fehlerquelle wird hierbei das Alter der Probanden vermutet, was aufgrund fehlender Reife zu einem falschen Verständnis der musikalischen Aufgaben vom Gordon-Test geführt hat. Für ein Einsatzgebiet in Schulen und Gymnasien zur möglichen Einschätzung von musikalischen Begabungen bei Schülern sollte man daher bei jüngeren Schülern absehen. Da der Test "Advanced Measures of Music Audiation" ab der 7. Klasse zugelassen ist, sollte auch darüber nachgedacht werden, ihn in der Altersbeschränkung höher anzusiedeln. Hinzu kommt, dass vom Autor keine weiteren möglichen Fehlerquellen gefunden werden konnten, die diese Problematik begründen könnten. Einzig die Persönlichkeit des Probanden bliebe als Ursache übrig. Diese sollte man allerdings laut beider Wissenschaftler, sowohl bei Bentley als auch bei Gordon in der Ergebnisbewertung außer Acht lassen.

Der Bentley-Test hingegen sticht durch seine spielend leichte Handhabung in der Messung einer Fähigkeit hervor. Diesen Eindruck gewann der Autor in der Durchführung der Tests mit den Schülerinnen und Schülern. Im Gegensatz zum Test von Gordon konnten in der Auswertung keine Widersprüche festgestellt werden. Eine natürliche Schwankung von unterschiedlichen Befähigungen konnte zwar ermittelt werden, jedoch war diese von Bentley auch beabsichtigt, da er eine gleichmäßige Ausprägung aller getesteten Fähigkeiten für äußerst selten hält. Die Tatsache, dass vier Untertests vier verschiedene Fähigkeiten messen, gibt mehr Aufschluss über eine mögliche Begabung und mögliche Stärken und Schwächen, die in dieser Begabung stecken. Der Autor spricht sich daher für eine Empfehlung dieses Testes aus. Es wäre ebenfalls denkbar, den Test in einer weiteren Untersuchung, beispielsweise einer Masterarbeit, zu verwenden, um eine Klassifizierung der Begabung stilistisch angesiedelter Musiker vorzunehmen.

Abschließend ist festzustellen, dass musikalische Begabungstests die Möglichkeit bieten, musikalische Qualitäten aufzuzeigen. Es sollte jedoch beachtet werden, dass Musik in seiner Substanz nie wissenschaftlicher, sondern emotionaler Natur ist. Kein Begabungstest kann einer Person aufzeigen, wie gut sie wirklich Musik machen kann, weil Qualität von Musik stets subjektiv ist. Diesen Gedanken sollte man jenen Personen mit auf den Weg geben, die vorhaben, sich solchen Tests zu unterziehen um eine musikalische Perspektive auszuloten.

Es sollte beachtet werden, dass die Feststellung einer musikalischen Begabung keinen Schluss auf tatsächlichen Erfolg im Werdegang eines Musikers zulässt.

„Döp Däp Döp, Dädödöp Döp Döp.“
(H.P. Baxxter, zweimaliger Echogewinner)

10. Literaturverzeichnis

Bentley, Arnold (1973): Musikalische Begabung bei Kindern und ihre Messbarkeit. 2. Aufl. Frankfurt am Main: Moritz Diesterweg (Schriftenreihe zur Musikpädagogik).

Bogner, Alexander; Littig, Beate; Menz, Wolfgang (2005): Das Experteninterview. Theorie, Methode, Anwendung. 2., Aufl. Wiesbaden: VS Verlag für Sozialwissenschaften.

Bruhn, Herbert; Kopiez, Reinhard; Lehmann, Andreas C. (2009): Musikpsychologie. Das neue Handbuch. Orig.-Ausg., 2. Aufl. Reinbek bei Hamburg: Rowohlt-Taschenbuch-Verl (rororo - rowohlts enzyklopädie, 55661).

Flick, Uwe (1999): Qualitative Forschung. Theorie, Methoden, Anwendung in Psychologie und Sozialwissenschaften. Orig.-Ausg. Reinbek bei Hamburg: Rowohlt Taschenbuch-Verl. (Rowohlts Enzyklopädie, 546).

Gembris, Heiner (2002): Grundlagen musikalischer Begabung und Entwicklung. 2. Aufl. Augsburg: Wißner (Forum Musikpädagogik, Bd. 20).

Gordon, Edwin (1989): Manual for the Advanced Measures of Music Audiation. Hg. v. Edwin E. Gordon. Chicago, IL 60638: G. I. A. Publications, Inc.

Mayer, Horst O. (2008): Interview und schriftliche Befragung. Entwicklung, Durchführung und Auswertung. 4., überarb. und erw. Aufl. München, Wien: Oldenbourg (150 Jahre Wissen für die Zukunft).

Moosbrugger, Helfried; Kelava, Augustin (2007): Testtheorie und Fragebogenkonstruktion. Berlin, Heidelberg: Springer Medizin Verlag Heidelberg.

11. Anhang

Der Anhang gliedert sich wie folgt:

- Produktions-Logbuch

- Detaillierte Ergebnisse aller zehn Schüler

11. 1 Produktions-Logbuch

Datum: 29. Januar 2014
Meilenstein: Durchführung des Begabungstests „Messung musikalischer Fähigkeiten"
nach Arnold Bentley

Was wurde bis zu diesem Datum erreicht?

Es wurde sich mit der Funktion und der Durchführungsweise des musikalischen
Begabungstests nach Arnold Bentley auseinandergesetzt, um diesen Test durchführen zu
können.

Es wurde eine geeignete Schule für die Zusammenarbeit gefunden. An dieser Schule konnten
genug Schülerinnen und Schüler für die Teilnahme an zwei Begabungstests im Rahmen
dieser Arbeit gewonnen werden. Außerdem erklärte sich der Musiklehrer der zu testenden
Schüler für eine qualitative Methodik (Experteninterview) bereit.

Alle Schüler benötigten eine Einverständniserklärung von ihren Eltern. Diese wurde im
Vorfeld ausgearbeitet und über den Lehrer an die Schüler verteilt. Nur diejenigen, welche
die Erklärung unterschrieben bis zum Tag der Durchführung des Begabungstests
einreichten, konnten auch daran teilnehmen. Die Einverständniserklärungen gelten für beide
Begabungstests sowie die Verwendung der Ergebnisse in dieser Arbeit.

Wie viel Zeit wurde darauf verwendet?

Für Vorbereitung, Durchführung und Auswertung des Begabungstestes nach Bentley benötigte der Autor 3,0 Stunden (180 Minuten). Davon fielen ca. 60 Minuten für die Vorbereitung, 30 Minuten für die Durchführung und ca. 90 Minuten für die Auswertung der Fragebögen an.

Was gibt es noch zu vermerken?

Es brachten lediglich zehn der zwanzig Schüler eine unterschriebene Einverständniserklärung mit, sodass nur an zehn Schülern die Untersuchungen zur musikalischen Begabung durchgeführt werden konnten. Dies ist der einzige Punkt, der kritisch betrachtet werden muss, weil dem vom Autor dieser Arbeit hätte vorgebeugt werden können, indem er mehr als die besagten zwanzig Schüler ausgewählt hätte.

Die Durchführung, Vorbereitung und Auswertung erfolgte ohne nennenswerte Probleme, sodass man von einer geglückten Untersuchung sprechen kann. Dies kann damit begründet werden, dass Arnold Bentley für seinen Begabungstest explizite Anweisungen gibt, an die sich der Testdurchführende hielt.

Die Einverständniserklärung und das Formular zum Bentley-Test jedes einzelnen Schülers können zusätzlich im Anhang dieser Arbeit eingesehen werden.

Datum: 5. Februar 2014
Meilenstein: Durchführung des Begabungstests „Advanced Measures of Music Audiation" nach Edwin E. Gordon

Was wurde bis zu diesem Datum erreicht?

Es wurde sich mit der Funktion und der Durchführungsweise des musikalischen Begabungstests nach Edwin E. Gordon auseinandergesetzt, um diesen Test durchführen zu können. Dazu musste ein Kit beim Verlag CIA in den USA gekauft werden, da dies die einzige Möglichkeit war, Zugang zu den Testmaterialien zu bekommen.

Alle weiteren Vorkehrungen wurden bereits im Vorfeld zum Meilenstein "Begabungstest – Arnold Bentley" getroffen. Die Vorbereitung verlief in der gleichen Prozedur wie es zum Bentley-Test der Fall war.

Wie viel Zeit wurde darauf verwendet?

Für Vorbereitung, Durchführung und Auswertung des Begabungstests nach Bentley benötigte der Autor 3,0 Stunden (180 Minuten). Davon fielen ca. 60 Minuten für die Vorbereitung, 25 Minuten für die Durchführung und ca. 95 Minuten für die Auswertung der Fragebögen an.

Was gibt es noch zu vermerken?

Die Schülerinnen und Schüler schienen weniger Freude an diesem Test zu haben, als an dem vorherigen. Zumindest fielen nach der Untersuchung negative Bemerkungen von zwei Schülerinnen. Darin ging es weniger um den Schwierigkeitsgrad; vielmehr störte die beiden Probanden die Monotonie des Tests.

Die Auswertung konnte nicht unmittelbar nach dem Test durchgeführt werden. Begründungen sind zum einen der Termin des Leitfadeninterviews (Experteninterviews), der direkt im Anschluss an die Gordon-Tests stattfand. Zum anderen enthielt das gelieferte Kit zum Gordon-Test keine Auswertungsschablonen. Diese mussten separat dazu bestellt werden. Die Lieferung erfolgte einige Tage später, sodass die Auswertung erst zu einem späteren Zeitpunkt vorgenommen wurde. Da dies jedoch nicht als separater Meilenstein anzusehen ist, weil alle restlichen Komponenten bereits zum Zeitraum der Untersuchung vorlagen, wurde der Vollständigkeit halber die Auswertung mit zu diesem Meilenstein hinzugefügt.

11.2 Detaillierte Ergebnisse aller zehn Schüler

Name: ████████████ Geschlecht: männlich

Alter: 13 Jahre Klasse: █

Anmerkungen: -----

Testergebnisse
Arnold Bentley – Messung Musikalischer Fähigkeiten

Datum der
Testdurchführung: Mittwoch, 29. Januar 2014

Tonhöhe	18	Von 20 möglichen Punkten
Melodie	10	Von 10 möglichen Punkten
Akkorde	8	Von 20 möglichen Punkten
Rhythmus	6	Von 10 möglichen Punkten
Gesamt	**42**	**Von 60 möglichen Punkten**

Musikalisches Begabungsalter nach
der Bentley-Formel: **14 Jahre**

Einstufung des/der Schülers/Schülerin nach der von
Bentley vorgegebenen Auswertungstabelle:

Stufe	**C**

Testergebnisse

Edwin E. Gordon – Advanced Measures of Music Audiation

Datum der
Testdurchführung: Mittwoch, 05. Februar 2014

Scores	T1	4	Von 20 möglichen Punkten
	T2	9	Von 20 möglichen Punkten
	R1	7	Von 20 möglichen Punkten
	R2	2	Von 20 möglichen Punkten

Ermittlung Tonal Raw Score: T1+20-T2
Ermittlung Rhythm Raw Score: R1+20-R2

Tonal Raw Score	15	von 36 möglichen Punkten
Rhythm Raw Score	25	von 37 möglichen Punkten
Total Raw Score	**40**	**von 70 möglichen Punkten**

Percentile Ranking nach Normung von Sieben- und Achtklässlern (Rankingwerte min.1 bis max.99)	
Tonal Percentile Rank	10
Rhythm Percentile Rank	50
Total Percentile Rank	**19**

Name: ███████████ Geschlecht: männlich

Alter: 13 Jahre Klasse: █

Anmerkungen: spielt Gitarre

Testergebnisse
Arnold Bentley – Messung Musikalischer Fähigkeiten

Datum der
Testdurchführung: Mittwoch, 29. Januar 2014

Tonhöhe	16	Von 20 möglichen Punkten
Melodie	9	Von 10 möglichen Punkten
Akkorde	11	Von 20 möglichen Punkten
Rhythmus	8	Von 10 möglichen Punkten
Gesamt	**44**	**Von 60 möglichen Punkten**

Musikalisches Begabungsalter nach
der Bentley-Formel: **15 Jahre**

Einstufung des/der Schülers/Schülerin nach der von
Bentley vorgegebenen Auswertungstabelle:

Stufe	**B**

Testergebnisse

Edwin E. Gordon – Advanced Measures of Music Audiation

Datum der
Testdurchführung: Mittwoch, 05. Februar 2014

Scores	T1	7	Von 20 möglichen Punkten
	T2	10	Von 20 möglichen Punkten
	R1	8	Von 20 möglichen Punkten
	R2	5	Von 20 möglichen Punkten

Ermittlung Tonal Raw Score: T1+20-T2
Ermittlung Rhythm Raw Score: R1+20-R2

Tonal Raw Score	17	von 36 möglichen Punkten
Rhythm Raw Score	23	von 37 möglichen Punkten
Total Raw Score	**40**	**von 70 möglichen Punkten**

Percentile Ranking nach Normung von Sieben- und Achtklässlern (Rankingwerte min.1 bis max.99)	
Tonal Percentile Rank	20
Rhythm Percentile Rank	35
Total Percentile Rank	**19**

Name: ████████ Geschlecht: weiblich

Alter: 12 Jahre Klasse: █

Anmerkungen: Singt gern

Testergebnisse
Arnold Bentley – Messung Musikalischer Fähigkeiten

Datum der
Testdurchführung: Mittwoch, 29. Januar 2014

Tonhöhe	18	Von 20 möglichen Punkten
Melodie	9	Von 10 möglichen Punkten
Akkorde	15	Von 20 möglichen Punkten
Rhythmus	8	Von 10 möglichen Punkten
Gesamt	**50**	**Von 60 möglichen Punkten**

Musikalisches Begabungsalter nach
der Bentley-Formel: **17 Jahre**

Einstufung des/der Schülers/Schülerin nach der von
Bentley vorgegebenen Auswertungstabelle:

Stufe	A

Testergebnisse

Edwin E. Gordon – Advanced Measures of Music Audiation

Datum der
Testdurchführung: Mittwoch, 05. Februar 2014

Scores	T1	6	Von 20 möglichen Punkten
	T2	6	Von 20 möglichen Punkten
	R1	11	Von 20 möglichen Punkten
	R2	5	Von 20 möglichen Punkten

Ermittlung Tonal Raw Score: T1+20-T2
Ermittlung Rhythm Raw Score: R1+20-R2

Tonal Raw Score	20	von 36 möglichen Punkten
Rhythm Raw Score	26	von 37 möglichen Punkten
Total Raw Score	**46**	**von 70 möglichen Punkten**

Percentile Ranking nach Normung von Sieben- und Achtklässlern (Rankingwerte min.1 bis max.99)	
Tonal Percentile Rank	35
Rhythm Percentile Rank	60
Total Percentile Rank	**45**

Name: ███████████   Geschlecht: weiblich

Alter: 13 Jahre   Klasse: █

Anmerkungen: spielt Keyboard

Testergebnisse
Arnold Bentley – Messung Musikalischer Fähigkeiten

Datum der
Testdurchführung: Mittwoch, 29. Januar 2014

Tonhöhe	18	Von 20 möglichen Punkten
Melodie	9	Von 10 möglichen Punkten
Akkorde	17	Von 20 möglichen Punkten
Rhythmus	9	Von 10 möglichen Punkten
Gesamt	**53**	**Von 60 möglichen Punkten**

Musikalisches Begabungsalter nach
der Bentley-Formel: **18 Jahre**

Einstufung des/der Schülers/Schülerin nach der von
Bentley vorgegebenen Auswertungstabelle:

Stufe	**A**

Testergebnisse

Edwin E. Gordon – Advanced Measures of Music Audiation

Datum der
Testdurchführung: Mittwoch, 05. Februar 2014

Scores			
	T1	11	Von 20 möglichen Punkten
	T2	5	Von 20 möglichen Punkten
	R1	12	Von 20 möglichen Punkten
	R2	1	Von 20 möglichen Punkten

Ermittlung Tonal Raw Score: T1+20-T2
Ermittlung Rhythm Raw Score: R1+20-R2

Tonal Raw Score	26	von 36 möglichen Punkten
Rhythm Raw Score	31	von 37 möglichen Punkten
Total Raw Score	**57**	**von 70 möglichen Punkten**

Percentile Ranking nach Normung von Sieben- und Achtklässlern (Rankingwerte min.1 bis max.99)	
Tonal Percentile Rank	80
Rhythm Percentile Rank	92
Total Percentile Rank	**86**

Name: ████████████   Geschlecht: weiblich

Alter: 12 Jahre   Klasse: ▮

Anmerkungen: Singt gern, spielt Gitarre und Klarinette

Testergebnisse
Arnold Bentley – Messung Musikalischer Fähigkeiten

Datum der
Testdurchführung: Mittwoch, 29. Januar 2014

Tonhöhe	17	Von 20 möglichen Punkten
Melodie	9	Von 10 möglichen Punkten
Akkorde	12	Von 20 möglichen Punkten
Rhythmus	10	Von 10 möglichen Punkten
Gesamt	**48**	**Von 60 möglichen Punkten**

Musikalisches Begabungsalter nach
der Bentley-Formel: **16 Jahre**

Einstufung des/der Schülers/Schülerin nach der von
Bentley vorgegebenen Auswertungstabelle:

Stufe	**A**

Testergebnisse

Edwin E. Gordon – Advanced Measures of Music Audiation

Datum der
Testdurchführung: Mittwoch, 05. Februar 2014

Scores			
	T1	10	Von 20 möglichen Punkten
	T2	6	Von 20 möglichen Punkten
	R1	12	Von 20 möglichen Punkten
	R2	2	Von 20 möglichen Punkten

Ermittlung Tonal Raw Score: T1+20-T2
Ermittlung Rhythm Raw Score: R1+20-R2

Tonal Raw Score	24	von 36 möglichen Punkten
Rhythm Raw Score	30	von 37 möglichen Punkten
Total Raw Score	**54**	**von 70 möglichen Punkten**

Percentile Ranking nach Normung von Sieben- und Achtklässlern (Rankingwerte min.1 bis max.99)	
Tonal Percentile Rank	60
Rhythm Percentile Rank	89
Total Percentile Rank	**80**

Name: ██████████ Geschlecht: weiblich

Alter: 12 Jahre Klasse: ▋

Anmerkungen: spielt Gitarre und Klavier

Testergebnisse
Arnold Bentley – Messung Musikalischer Fähigkeiten

Datum der
Testdurchführung: Mittwoch, 29. Januar 2014

Tonhöhe	17	Von 20 möglichen Punkten
Melodie	9	Von 10 möglichen Punkten
Akkorde	14	Von 20 möglichen Punkten
Rhythmus	8	Von 10 möglichen Punkten
Gesamt	**48**	**Von 60 möglichen Punkten**

Musikalisches Begabungsalter nach
der Bentley-Formel: **16 Jahre**

Einstufung des/der Schülers/Schülerin nach der von
Bentley vorgegebenen Auswertungstabelle:

Stufe	**A**

Testergebnisse

Edwin E. Gordon – Advanced Measures of Music Audiation

Datum der
Testdurchführung: Mittwoch, 05. Februar 2014

Scores			
	T1	11	Von 20 möglichen Punkten
	T2	4	Von 20 möglichen Punkten
	R1	13	Von 20 möglichen Punkten
	R2	1	Von 20 möglichen Punkten

Ermittlung Tonal Raw Score: T1+20-T2
Ermittlung Rhythm Raw Score: R1+20-R2

Tonal Raw Score	17	von 36 möglichen Punkten
Rhythm Raw Score	32	von 37 möglichen Punkten
Total Raw Score	**59**	**von 70 möglichen Punkten**

Percentile Ranking nach Normung von Sieben- und Achtklässlern (Rankingwerte min.1 bis max.99)	
Tonal Percentile Rank	85
Rhythm Percentile Rank	94
Total Percentile Rank	**88**

Name:	██████████	Geschlecht:	weiblich
Alter:	12 Jahre	Klasse:	█

Anmerkungen: Singt und spielt Klavier

Testergebnisse
Arnold Bentley – Messung Musikalischer Fähigkeiten

Datum der
Testdurchführung: Mittwoch, 29. Januar 2014

Tonhöhe	19	Von 20 möglichen Punkten
Melodie	9	Von 10 möglichen Punkten
Akkorde	12	Von 20 möglichen Punkten
Rhythmus	9	Von 10 möglichen Punkten
Gesamt	**49**	**Von 60 möglichen Punkten**

Musikalisches Begabungsalter nach
der Bentley-Formel: **16 Jahre**

Einstufung des/der Schülers/Schülerin nach der von
Bentley vorgegebenen Auswertungstabelle:

Stufe	**A**

Testergebnisse

Edwin E. Gordon – Advanced Measures of Music Audiation

Datum der
Testdurchführung: Mittwoch, 05. Februar 2014

Scores			
	T1	10	Von 20 möglichen Punkten
	T2	7	Von 20 möglichen Punkten
	R1	9	Von 20 möglichen Punkten
	R2	3	Von 20 möglichen Punkten

Ermittlung Tonal Raw Score: T1+20-T2
Ermittlung Rhythm Raw Score: R1+20-R2

Tonal Raw Score	50	von 36 möglichen Punkten
Rhythm Raw Score	85	von 37 möglichen Punkten
Total Raw Score	**60**	**von 70 möglichen Punkten**

Percentile Ranking nach Normung von Sieben- und Achtklässlern (Rankingwerte min.1 bis max.99)	
Tonal Percentile Rank	50
Rhythm Percentile Rank	85
Total Percentile Rank	**60**

| Name: | ████████████ | Geschlecht: | weiblich |
| Alter: | 12 Jahre | Klasse: | ▮ |

Anmerkungen: spielt Geige und singt

Testergebnisse
Arnold Bentley – Messung Musikalischer Fähigkeiten

Datum der
Testdurchführung: Mittwoch, 29. Januar 2014

Tonhöhe	18	Von 20 möglichen Punkten
Melodie	9	Von 10 möglichen Punkten
Akkorde	13	Von 20 möglichen Punkten
Rhythmus	9	Von 10 möglichen Punkten
Gesamt	**49**	**Von 60 möglichen Punkten**

Musikalisches Begabungsalter nach
der Bentley-Formel: **16 Jahre**

Einstufung des/der Schülers/Schülerin nach der von
Bentley vorgegebenen Auswertungstabelle:

Stufe	**A**

Testergebnisse

Edwin E. Gordon – Advanced Measures of Music Audiation

Datum der
Testdurchführung: Mittwoch, 05. Februar 2014

Scores	T1	11	Von 20 möglichen Punkten
	T2	5	Von 20 möglichen Punkten
	R1	10	Von 20 möglichen Punkten
	R2	0	Von 20 möglichen Punkten

Ermittlung Tonal Raw Score: T1+20-T2
Ermittlung Rhythm Raw Score: R1+20-R2

Tonal Raw Score	26	von 36 möglichen Punkten
Rhythm Raw Score	30	von 37 möglichen Punkten
Total Raw Score	**56**	**von 70 möglichen Punkten**

Percentile Ranking nach Normung von Sieben- und Achtklässlern (Rankingwerte min.1 bis max.99)	
Tonal Percentile Rank	80
Rhythm Percentile Rank	89
Total Percentile Rank	**85**

Name: ███████████ Geschlecht: weiblich

Alter: 13 Jahre Klasse: █

Anmerkungen: spielt Klavier und etwas Gitarre

Testergebnisse
Arnold Bentley – Messung Musikalischer Fähigkeiten

Datum der
Testdurchführung: Mittwoch, 29. Januar 2014

Tonhöhe	18	Von 20 möglichen Punkten
Melodie	9	Von 10 möglichen Punkten
Akkorde	8	Von 20 möglichen Punkten
Rhythmus	10	Von 10 möglichen Punkten
Gesamt	**45**	**Von 60 möglichen Punkten**

Musikalisches Begabungsalter nach
der Bentley-Formel: **15 Jahre**

Einstufung des/der Schülers/Schülerin nach der von
Bentley vorgegebenen Auswertungstabelle:

Stufe	**B**

Testergebnisse

Edwin E. Gordon – Advanced Measures of Music Audiation

Datum der
Testdurchführung: Mittwoch, 05. Februar 2014

Scores	T1	8	Von 20 möglichen Punkten
	T2	6	Von 20 möglichen Punkten
	R1	11	Von 20 möglichen Punkten
	R2	2	Von 20 möglichen Punkten

Ermittlung Tonal Raw Score: T1+20-T2
Ermittlung Rhythm Raw Score: R1+20-R2

Tonal Raw Score	22	von 36 möglichen Punkten
Rhythm Raw Score	29	von 37 möglichen Punkten
Total Raw Score	**51**	**von 70 möglichen Punkten**

Percentile Ranking nach Normung von Sieben- und Achtklässlern (Rankingwerte min.1 bis max.99)	
Tonal Percentile Rank	45
Rhythm Percentile Rank	85
Total Percentile Rank	**69**

Name:	▓▓▓▓▓▓▓▓	Geschlecht:	weiblich
Alter:	13 Jahre	Klasse:	▌

Anmerkungen: spielt Klavier und singt

Testergebnisse
Arnold Bentley – Messung Musikalischer Fähigkeiten

Datum der
Testdurchführung: Mittwoch, 29. Januar 2014

Tonhöhe	19	Von 20 möglichen Punkten
Melodie	9	Von 10 möglichen Punkten
Akkorde	17	Von 20 möglichen Punkten
Rhythmus	9	Von 10 möglichen Punkten
Gesamt	**54**	**Von 60 möglichen Punkten**

Musikalisches Begabungsalter nach
der Bentley-Formel: **18 Jahre**

Einstufung des/der Schülers/Schülerin nach der von
Bentley vorgegebenen Auswertungstabelle:

Stufe	**A**

Testergebnisse

Edwin E. Gordon – Advanced Measures of Music Audiation

Datum der
Testdurchführung: Mittwoch, 05. Februar 2014

Scores	T1	11	Von 20 möglichen Punkten
	T2	7	Von 20 möglichen Punkten
	R1	12	Von 20 möglichen Punkten
	R2	2	Von 20 möglichen Punkten

Ermittlung Tonal Raw Score: T1+20-T2
Ermittlung Rhythm Raw Score: R1+20-R2

Tonal Raw Score	24	von 36 möglichen Punkten
Rhythm Raw Score	30	von 37 möglichen Punkten
Total Raw Score	**54**	**von 70 möglichen Punkten**

Percentile Ranking nach Normung von Sieben- und Achtklässlern (Rankingwerte min.1 bis max.99)	
Tonal Percentile Rank	60
Rhythm Percentile Rank	89
Total Percentile Rank	**80**

BEI GRIN MACHT SICH IHR
WISSEN BEZAHLT

- Wir veröffentlichen Ihre Hausarbeit,
  Bachelor- und Masterarbeit

- Ihr eigenes eBook und Buch -
  weltweit in allen wichtigen Shops

- Verdienen Sie an jedem Verkauf

Jetzt bei www.GRIN.com hochladen
und kostenlos publizieren

Ingram Content Group UK Ltd.
Milton Keynes UK
UKHW010836180723
425342UK00004B/242